Make Over Your Spanish in Just 3 Weeks!

Aimée Godard and Luc Nisset

Mc
Graw
Hill

New York Chicago San Francisco Lisbon London Madrid Mexico City
Milan New Delhi San Juan Seoul Singapore Sydney Toronto

The McGraw-Hill Companies

1 2 3 4 5 6 7 8 9 10 11 12 13 14 15 QDB/QDB 1 9 8 7 6 5 4 3 2 1

ISBN 978-0-07-163594-3 (book and CD set)
MHID 0-07-163594-7 (book and CD set)

ISBN 978-0-07-163593-6 (book for set)
MHID 0-07-163593-9 (book for set)

Library of Congress Control Number 2009932728

Spanish adaptation by Paula Milano
Interior artwork by Luc Nisset

Enhanced Audio CD
The disk that accompanies the Makeover program contains:

1. **Audio CD** recordings (55 minutes) that play on all traditional CD players and computers

2. The same audio recordings in **MP3 format** (90 minutes, including bonus content). These files incorporate album art and lyric text.
To download: Double-click on MY COMPUTER, find and open your CD-ROM disk drive, and double-click on the Spanish Makeover icon. Drag the folder "Spanish Makeover MP3s" into the library of your MP3 player. Once synced with your player, the recordings will appear under Artist name: *Spanish Makeover.*

3. These same MP3 files are available in the **Makeover Study Player** application for convenient study on your computer. See the "Read Me" file on the disk for installation instructions.

This book is printed on acid-free paper.

Contents

Meet the Makeover Team

MAKEOVER

Welcome to: **Make Over Your Spanish in Just Three Weeks!** ... a language program unlike any other!
We're the **Makeover Team** and we will transform forgotten phrases and hazy grammar into the confident ability to communicate in Spanish.

We turn Language Zeroes into Language Heroes!

Follow us as we give the Makeover treatment to two eager learners, Kate and Todd!

In each daily lesson, we'll guide our two learners with the language they need for practical, everyday situations.

And there will be plenty of opportunities for you at home to take part. Don't just sit back on the couch—join in!

First, let's introduce ourselves. I'm your host, César. I'll be your tour guide to the Spanish language and culture.

¡HOLA! I'm Anna. My aim is to get you using your new, improved language. Don't be shy—Spanish is meant to be spoken!

¡QUÉ TAL! My name is Shamir. Tune in to me for essential grammar rules and key vocabulary.

Nombre: César
Edad: 53
Domicilio: Mexico City
Profesión: language publisher
Pasatiempos: wine, sports, art, food

Nombre: Anna
Edad: none of your business
Domicilio: Seville
Profesión: high school teacher
Pasatiempos: travel, skiing

Nombre: Shamir
Edad: 22
Domicilio: Madrid
Profesión: researcher, programmer
Pasatiempos: movies, video games

Meet the Makeover Students

And now, let's meet our new students. First, César, we have Kate.
So, Kate, you're an attorney who has flown in from Sacramento, California. Have you studied Spanish before?
Yes, César, I took it through high school, but now it's very rusty.
I need some Makeover magic so I can really enjoy the vacation I have planned this year—A WINE TOUR IN LA RIOJA.

And this is Todd, straight from the airport, from Bristol in England! Todd's a trainee accountant.
And why do you want to improve your Spanish, Todd?
My local football team has a trip to Spain and they've appointed me the guide.
But I failed my GCSE and I haven't spoken a word of Spanish since—it needs a lot of work!

Nombre:	**Kate**
Edad:	31
Domicilio:	Sacramento, CA
Profesión:	attorney
Pasatiempos:	cycling, movies
Lenguas:	Español: advanced beginner

Nombre:	**Todd**
Edad:	24
Domicilio:	Bristol, UK
Profesión:	trainee accountant
Pasatiempos:	football, rugby
Lenguas:	Español: poor (false beginner)

How to Use the Makeover Program

So, we have two learners in great need of a makeover, as well as interested viewers at home—and just three weeks to do it!

In each daily episode we'll build practical skills in key areas. These are the tools we'll use.

Grammar Upgrades 
verbos
Easy-to-view panels provide key verb conjugations, pronoun charts, and more

Essential Examples Short phrases put the grammar rules into practice

Subtítulos (Subtítulos / *Subtitles*) Translation help with new words and phrases

Candid conversation!

Snapshots of everyday Spanish speakers provide authentic expressions–you'll soon get the gist

Quick Quizzes 
Q
A fun way to put your understanding to the test

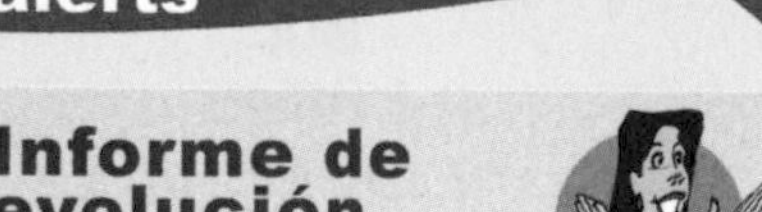
shortcut
alerts
Useful tips on how to bypass the rules

Informe de evolución *Progress Report* 
Common mistakes or stilted Spanish that our learners used to say–and how they've improved!

Entre bastidores *Behind the Scenes* 
MAKEOVER
A peek at what happens to our Makeover team and learners when the cameras are off

Memory Cards 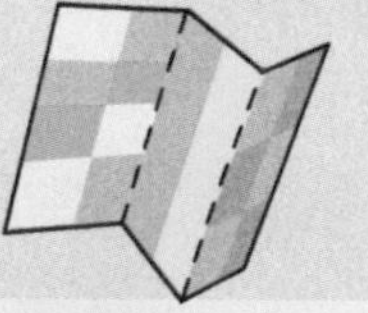
Detachable cards to help learn key words and expressions from each episode, plus help with verbs, numbers, and more

Audio Recording 
Audio help with essential vocabulary, useful phrases, verbs and plenty of encouragement from your Makeover team!

MAKEOVER

So, ¡HASTA LUEGO! We'll see you tomorrow when your Makeover begins!

Spanish Fear Factor

That's right, César. So, Todd and Kate, to help you overcome your worries about making mistakes, we'll prepare you with the appropriate greetings for common situations.

Welcome, and a big Buenas días Kate and Todd from the MakeOver team! We start Week 1 with our first rule: Say good-bye to shyness! There's no time for timidity!

You'll also need the three most important verbs in Spanish, SER, ESTAR and TENER, so you can go on to talk about the weather and yourself.

in this episode

los saludos
greetings
usted o tú
ustedes o vosotros

the verb tener
to have
the verbs ser, estar
to be
the verb "hay"
there is, there are

los números
numbers
¿qué hora es?
time

[singular]
Hola señoritas. ¿Cómo te va? ¡Estoy muy caliente esta mañana!
Hello, ladies. How are you ? I am very *hot* this morning!

What did I say?
Qué cretino! What a jerk!
¡Tienes razón! You can say that again!

You might have used "*tú*" too soon. You also told the young ladies that you were "hot this morning"!
Let's see the proper way to socialize.

Bravo Todd! You are not afraid to make mistakes, or confuse words, or look ridiculous! These are great qualities when it comes to learning a new language!

What? Did I look ridiculous?

I want the truth!

1

¿Usted o tú?
or

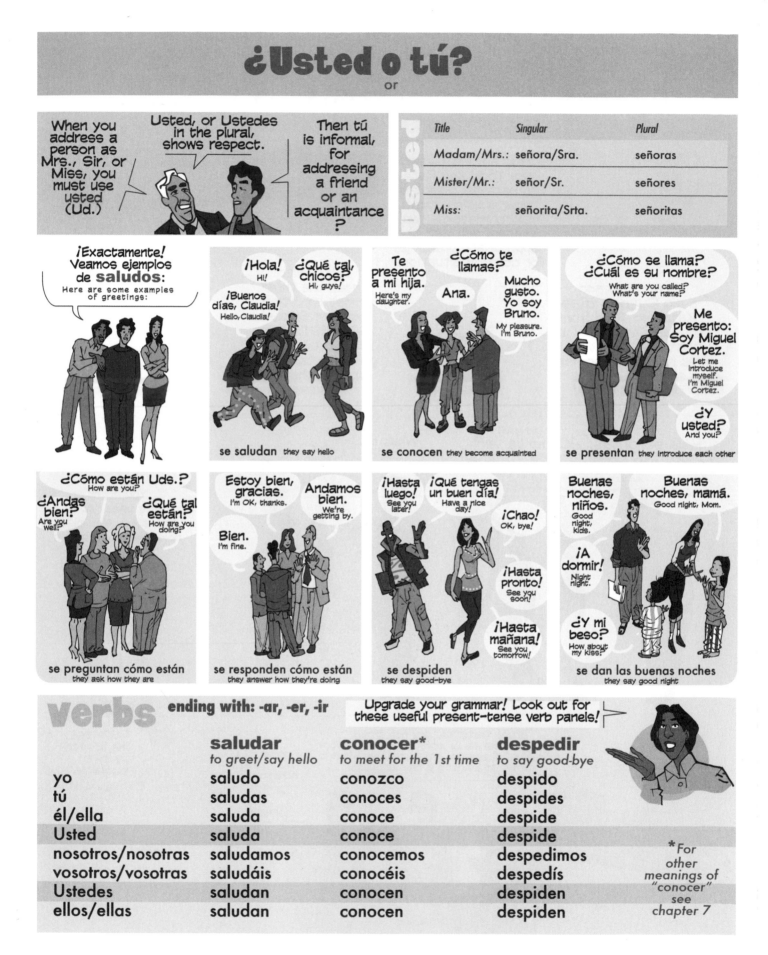

When you address a person as Mrs., Sir, or Miss, you must use usted (Ud.)

Usted, or Ustedes in the plural, shows respect.

Then tú is informal, for addressing a friend or an acquaintance?

Usted	Title	Singular	Plural
	Madam/Mrs.:	señora/Sra.	señoras
	Mister/Mr.:	señor/Sr.	señores
	Miss:	señorita/Srta.	señoritas

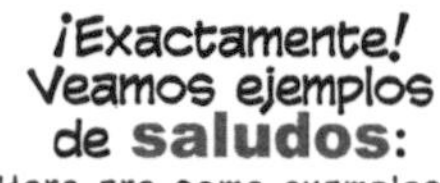

¡Exactamente!
Veamos ejemplos de **saludos**:
Here are some examples of greetings:

¡Hola! Hi!
¿Qué tal, chicos? Hi, guys!
¡Buenos días, Claudia! Hello, Claudia!

se saludan they say hello

Te presento a mi hija. Here's my daughter.
¿Cómo te llamas?
Ana.
Mucho gusto. Yo soy Bruno. My pleasure. I'm Bruno.

se conocen they become acquainted

¿Cómo se llama? ¿Cuál es su nombre?
What are you called? What's your name?
Me presento: Soy Miguel Cortez. Let me introduce myself. I'm Miguel Cortez.
¿Y usted? And you?

se presentan they introduce each other

¿Cómo están Uds.? How are you?
¿Andas bien? Are you well?
¿Qué tal están? How are you doing?

se preguntan cómo están
they ask how they are

Estoy bien, gracias. I'm OK, thanks.
Andamos bien. We're getting by.
Bien. I'm fine.

se responden cómo están
they answer how they're doing

¡Hasta luego! See you later!
¡Qué tengas un buen día! Have a nice day!
¡Chao! OK, bye!
¡Hasta pronto! See you soon!
¡Hasta mañana! See you tomorrow!

se despiden
they say good-bye

Buenas noches, niños. Good night, kids.
Buenas noches, mamá. Good night, Mom.
¡A dormir! Night night.
¿Y mi beso? How about my kiss?

se dan las buenas noches
they say good night

verbs ending with: -ar, -er, -ir

Upgrade your grammar! Look out for these useful present-tense verb panels!

	saludar *to greet/say hello*	conocer* *to meet for the 1st time*	despedir *to say good-bye*
yo	saludo	conozco	despido
tú	saludas	conoces	despides
él/ella	saluda	conoce	despide
Usted	saluda	conoce	despide
nosotros/nosotras	saludamos	conocemos	despedimos
vosotros/vosotras	saludáis	conocéis	despedís
Ustedes	saludan	conocen	despiden
ellos/ellas	saludan	conocen	despiden

*For other meanings of "conocer" see chapter 7

el verbo TENER *to have*

yo	tengo	*I have*
tú	tienes	*you have (informal)*
él/ella	tiene	*he/she has*
Usted	tiene	*you have (formal)*
nosotros/as	tenemos	*we have*
vosotros/as	tenéis	*you have (informal)*
Ustedes	tienen	*you have (formal)*
ellos/ellas	tienen	*they have*

In Spanish, when expressing feelings or age, we use el verbo TENER.

Tengo 53 años y tengo hambre.

You are 53 and you are hungry?

¡Exacto! ¡In these cases the verb TENER is translated by TO BE!

Oh, really? Are there other cases?

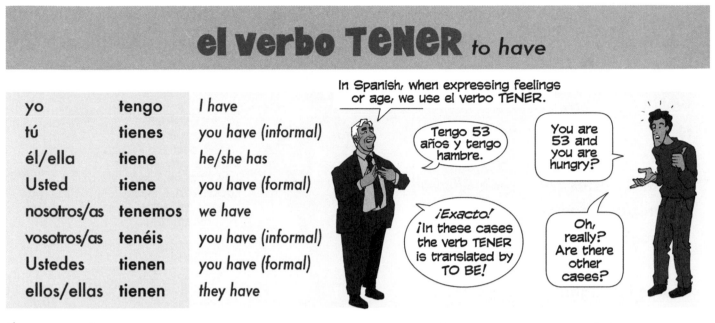

tener + noun *here, to have + noun in Spanish = to be + adjective in English*

YES, there are more cases! Let's look at other examples with TENER.

tener frío	yo tengo frío	*I am cold*
tener calor	tú tienes calor	*you are warm*
tener hambre	usted tiene hambre	*you are hungry*
tener sed	ella tiene sed	*she is thirsty*
tener dolor de cabeza	él tiene dolor de cabeza	*he has a headache*
tener sueño	nosotros tenemos sueño	*we are sleepy*
tener suerte	vosotros tenéis suerte	*all of you are lucky*
tener razón	ustedes tienen razón	*all of you are right*
tener ganas de	ellos tienen ganas de ir	*they feel like going*
tener prisa	ellas tienen prisa	*they are in a hurry*
tener sentido	tiene sentido	*it makes sense*

tener (possession)

Yo tengo novio
I have a boyfriend
Tú tienes auto
You have a car (informal)
Él tiene dos perros
He has two dogs
Usted tiene dinero
You have money (formal)
Ellos tienen tiempo
They have time

¡Mamá, tengo hambre!
Mom, I'm hungry!
Tú tienes suerte, tengo una galleta.
You are lucky, I have a cookie.

Tengo dos perros y tengo tiempo para pasearlos.
I have two dogs and I have the time to walk them.
¡Tengo frío!
I'm cold!
No tienes razón. ¡Tengo calor!
You're wrong, I'm hot!
Yo tengo novia.
I have a girlfriend.

el verbo SER *to be*

yo	soy	*I am*
tú	eres	*you are (informal)*
él/ella	es	*he/she is*
Usted	es	*you are (formal)*
nosotros/as	somos	*we are*
vosotros/as	sois	*you all are*
Ustedes	son	*all of you are (formal)*
ellos/ellas	son	*they are*

In Spanish, two verbs, **SER** and **ESTAR**, can be translated as "to be," but both verbs have very different meanings.

What's the difference?

Use SER to express essential and permanent characteristics of a person or things or any other inherent quality not likely to change, such as:

physical & personality	Yo soy alto.	*I am tall.*
	Tú eres amable.	*You are kind.*
origin & nationality	El es estadounidense.	*He is American.*
	Ella es europea.	*She's European.*
profession	Vosotros sois abogados.	*You all are lawyers.*
relationship	Ellos son mis hijos.	*They are my children.*
material	La mesa es de plástico.	*The table is made of plastic.*
natural color	Las bananas son amarillas.	*Bananas are yellow.*
date & time	Son las 2 de la tarde.	*It is 2:00 PM.*

¡Es tarde ya!
It is late already!
¡Sí, ellos son muy impuntuales!
Yes, they are not very punctual!
¡Eres realmente necia!
You're really naughty!
¡Ay, mamá, no es mi culpa!
not my fault!
¿De dónde son Uds., chicas?
Where are you from, girls?
Mi papa es español.
My dad is Spanish.
Somos de México.
We are from Mexico.

el verbo ESTAR *to be*

yo	estoy	*I am*
tú	estás	*you are (informal)*
él/ella	está	*he/she is*
Usted	está	*you are (formal)*
nosotros/as	estamos	*we are*
vosotros/as	estáis	*you all are*
Ustedes	están	*all of you are (formal)*
ellos/ellas	están	*they are*

After the verb SER, let's see the second verb TO BE: ESTAR.
Wow! Another one! How do I know when to use it?
Mostly when something is subject to change!

Use ESTAR to indicate temporary states or non-permanent conditions, such as:

location (always "**en**")	Yo estoy en Miami.	*I am in Miami.*
mood/state of mind	Tú estás enojado.	*You are angry.*
physical state	El está enfermo.	*He is sick.*
change (to become)	Las bananas están negras.	*Bananas turn black.*

Is it bad to use SER instead of ESTAR or vice versa?

Yes, it could be funny! Compare the meaning of both verbs:

1. Origin (preposition "de")	**Location (preposition "en")**
Yo soy de New York. *I am from New York.*	Yo estoy en New York. *I am in New York.*
Tú eres de Italia. *You are from Italy.*	Tú estás en Italia. *You are in Italy.*
2. Permanent characteristic	**Non-permanent characteristic**
Ella es divertida. *She is amusing.*	Ella está divertida. *She is amused.*
Ellos son aburridos. *They are boring.*	Ellos están aburridos. *They are bored.*
Las bananas son verdes. *The bananas are green.*	Las bananas están verdes. *The bananas are unripe.*

Hay

there is, there are

hay There is/there are indicates the existence of anything

hay
there is/
there are
HAY is very convenient because it's an impersonal verb that stays neutral all the time, no matter at what tense it's conjugated.

Hay un problema.	*There is a problem.*
Hay dos errores.	*There are two mistakes.*
¿Hay animales aquí?	*Are there animals in here?*
¿Qué hay en la mesa?	*What is on the table?*

There is a rose on your bed.
¿Hay una rosa en mi cama?

hay is for singular and plural subjects

In Spanish HAY is always used to establish the existence of indefinite things.
hay doce meses en un año
there are twelve months in a year
Hay tiempo.
Hay sitio.
Hay coches.
There's time.
There's room.
There are cars.

¿Hay más gente aquí?	*Are there more people here?*
Si, hay estudiantes	*Yes, there are students*

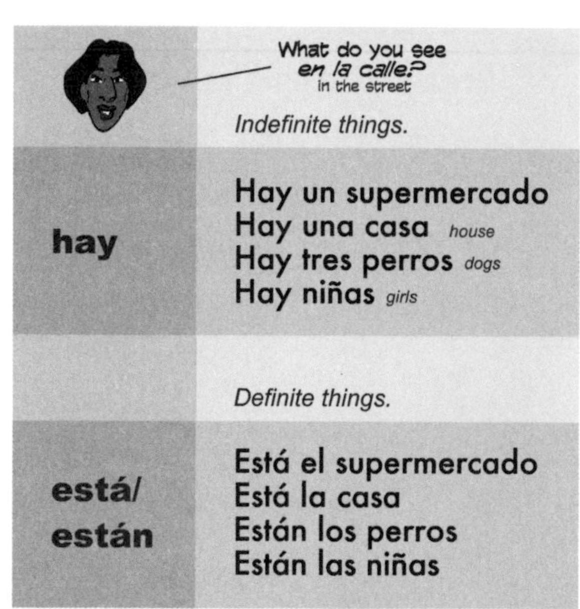
What do you see *en la calle?*
in the street

	Indefinite things.
hay	Hay un supermercado Hay una casa *house* Hay tres perros *dogs* Hay niñas *girls*
	Definite things.
está/ están	Está el supermercado Está la casa Están los perros Están las niñas

En España hay importantes
rivers ríos, como El Tajo.
¿Hay lagos?
Are there any lakes?

Connect the English phrase and its Spanish equivalent.
Q

¿Cuántos asientos hay? •	• *There is money in my pocket.*
¿Hay cuartos disponibles? •	• *Is there a problem?*
¿Cuántas personas hay allí? •	• *There is a dog in the garden.*
¿Hay algún problema? •	• *Are there rooms available.*
Hay un perro en el jardín. •	• *How many seats are there?*
Hay dinero en mi bolsillo. •	• *How many people are there?*

tener, ser, estar

Complete with *el verbo* **tener** (to have)

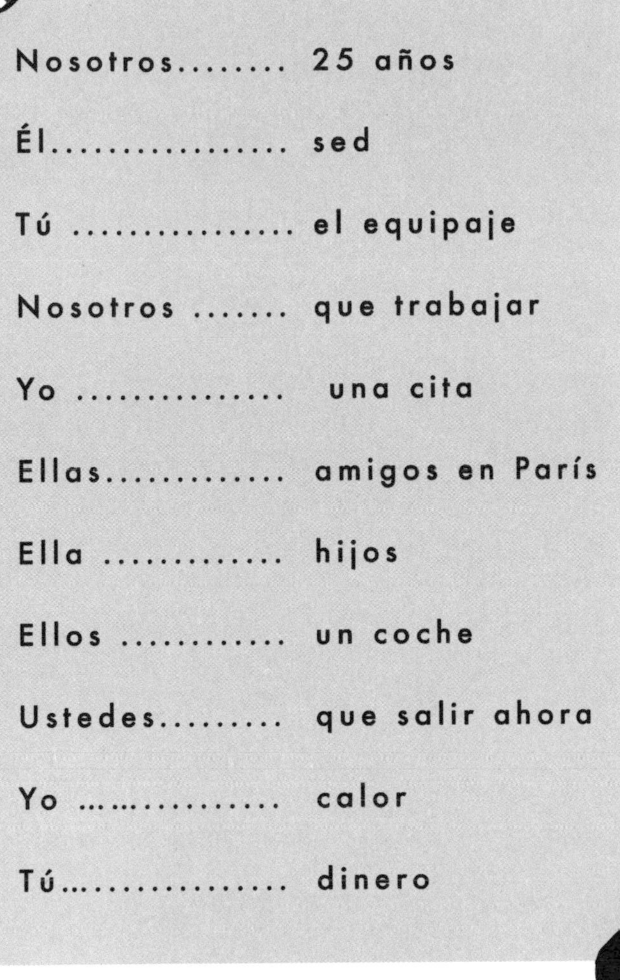

Q

Nosotros........ 25 años

Él................ sed

Tú .... el equipaje

Nosotros .... que trabajar

Yo .... una cita

Ellas............ amigos en París

Ella .... hijos

Ellos .... un coche

Ustedes........ que salir ahora

Yo .... calor

Tú................ dinero

Complete with *los verbos* **ser** and **estar** (to be)

Q

Yo .... una niña

Tú .... a tiempo

Ellos .... dominicanos

Yo .... de mal humor

María .... de París

Yo .... listo

Nosotros........ profesores

Ellos .... tres amigos

Vosotros ...... sentados

Kate............. muy bonita

Usted .... increible

tener
tenemos, tiene, tienes, tenemos, tengo, tienen, tiene, tienen, tienen, tengo, tienes
ser / estar
soy, estás, son, estoy, es, estoy, somos, son, estáis, es, es
That was easy, right?

Full answers

TENER, Nosotros tenemos 25 anos, él tiene sed, tú tienes el equipaje, nosotros tenemos que trabajar, yo tengo una cita, ellas tienen amigos en París, ella tiene hijos, ellos tienen un coche, Ustedes tienen que salir ahora, yo tengo calor, tú tienes dinero

SER, ESTAR, Yo soy una niña, tú estás a tiempo, ellos son dominicanos, yo estoy de mal humor, María es de París, yo estoy listo, nosotros somos profesores, ellos son tres amigos, vosotros estáis sentados, Kate es muy bonita, Usted es increíble

los números

numbers

Contar: cifras y números

to count — figures — numbers

1	2	3	4	5	6	7	8	9	10
uno	dos	tres	cuatro	cinco	seis	siete	ocho	nueve	diez

11	12	13	14	15	16	17	18	19
once	doce	trece	catorce	quince	dieciséis	diecisiete	dieciocho	diecinueve

20	30	40	50
veinte	treinta	cuarenta	cincuenta
veintiuno	treinta y uno	cuarenta y uno	cincuenta y uno
veintidós	treinta y dos	cuarenta y dos	cincuenta y dos
veintitrés	treinta y tres	cuarenta y tres	cincuenta y tres
veinticuatro	treinta y cuatro	cuarenta y cuatro	cincuenta y cuatro
veinticinco	treinta y cinco	cuarenta y cinco	cincuenta y cinco
veintiséis	treinta y seis	cuarenta y seis	cincuenta y seis
veintisiete	treinta y siete	cuarenta y siete	cincuenta y siete
veintiocho	treinta y ocho	cuarenta y ocho	cincuenta y ocho
veintinueve	treinta y nueve	cuarenta y nueve	cincuenta y nueve

60	70	80	90
sesenta	setenta	ochenta	noventa
sesenta y uno	setenta y uno	ochenta y uno	noventa y uno
sesenta y dos	setenta y dos	ochenta y dos	noventa y dos
sesenta y tres	setenta y tres	ochenta y tres	noventa y tres
sesenta y cuatro	setenta y cuatro	ochenta y cuatro	noventa y cuatro
sesenta y cinco	setenta y cinco	ochenta y cinco	noventa y cinco
sesenta y seis	setenta y seis	ochenta y seis	noventa y seis
sesenta y siete	setenta y siete	ochenta y siete	noventa y siete
sesenta y ocho	setenta y ocho	ochenta y ocho	noventa y ocho
sesenta y nueve	setenta y nueve	ochenta y nueve	noventa y nueve

To say your age, of course, you have to know the numbers in Spanish.

el primero	*the first*
el segundo	*the second*
el tercero	*the third*
el cuarto	*the fourth*
el quinto	*the fifth*
el sexto	*the sixth*
el séptimo	*the seventh*
el octavo	*the eighth*
el noveno	*the ninth*
el décimo	*the tenth*

100 cien
200 doscientos/as . . .
1000 mil
10 000 diez mil
100 000 cien mil
1000 000 un millón
a billion: mil millones

¿qué hora es?

what time is it?

When talking about time, the Spanish often use the 24-hour clock

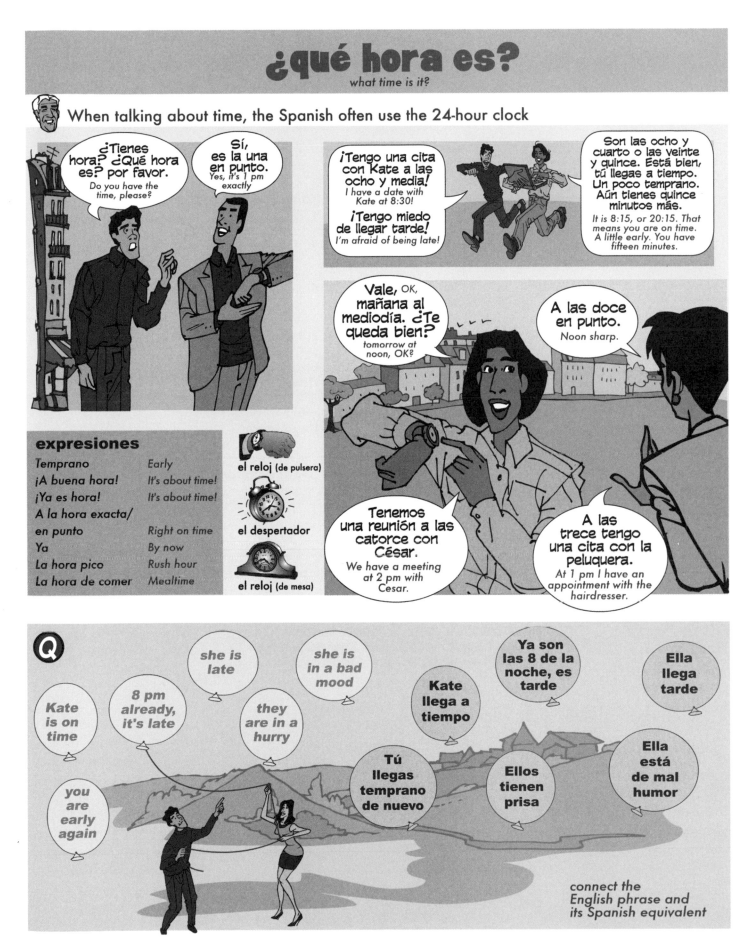

¿Tienes hora? ¿Qué hora es? por favor.
Do you have the time, please?
Sí, es la una en punto.
Yes, it's 1 pm exactly

¡Tengo una cita con Kate a las ocho y media!
I have a date with Kate at 8:30!
¡Tengo miedo de llegar tarde!
I'm afraid of being late!
Son las ocho y cuarto o las veinte y quince. Está bien, tú llegas a tiempo. Un poco temprano. Aún tienes quince minutos más.
It is 8:15, or 20:15. That means you are on time. A little early. You have fifteen minutes.

expresiones

Temprano	*Early*
¡A buena hora!	*It's about time!*
¡Ya es hora!	*It's about time!*
A la hora exacta/ en punto	*Right on time*
Ya	*By now*
La hora pico	*Rush hour*
La hora de comer	*Mealtime*

el reloj (de pulsera)
el despertador
el reloj (de mesa)

Vale, OK, mañana al mediodía. ¿Te queda bien?
tomorrow at noon, OK?
A las doce en punto.
Noon sharp.
Tenemos una reunión a las catorce con César.
We have a meeting at 2 pm with Cesar.
A las trece tengo una cita con la peluquera.
At 1 pm I have an appointment with the hairdresser.

Q
Kate is on time
8 pm already, it's late
she is late
they are in a hurry
she is in a bad mood
you are early again
Kate llega a tiempo
Ya son las 8 de la noche, es tarde
Ella llega tarde
Tú llegas temprano de nuevo
Ellos tienen prisa
Ella está de mal humor

connect the English phrase and its Spanish equivalent

MAKEOVER

informe de evolución #1

progress report

antes

before

Yo soy 15 años

Yo soy hambre

Él es sed

¿Qué es en la mesa?

Está buen tiempo

Soy tarde

Estás temprano

después

after

Yo tengo 15 años

yo tengo ....

Yo tengo hambre

....

Él tiene sed

....

¿Qué hay en la mesa?

....

Hace buen tiempo

....

Llego tarde

....

Llegas temprano

....

Write out these correct expressions—successfully Made Over!

Put the words in order to build a sentence.

Q

In these jumbled sentences, the subject is easy to spot, thanks to the capital letter. For the rest, you know what to do! Good luck!

un tengas ¡Qué día! buen

¡Qué ... .

mesas hay? ¿Cuántas

....

de está Ella humor siempre buen

....

suerte Él mucha tiene

....

tal Uds.? están ¿Qué

....

¡Qué tengas un buen día!
¿Cuántas mesas hay?
Ella siempre está de buen humor
Él tiene mucha suerte
¿Qué tal están Uds.?
Have a good day!
How many tables are there?
She is always in a good mood
He's very lucky
How are you all?

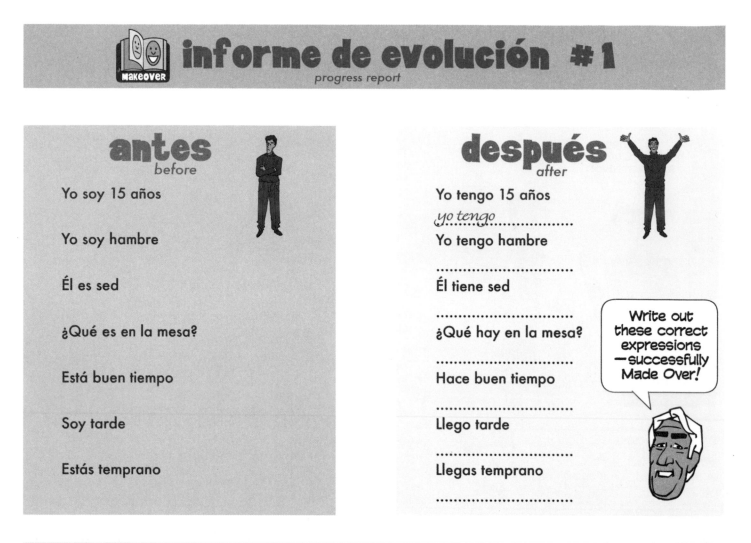

el gran desafío

the big challenge

Kate and Todd, use your conversational skills to break the ice.

Tengo que .... a hispanohablantes para hablar con ellos.

Yo también, Kate, pero yo .... estar de buen humor para eso.

Eres tímido, tú tienes miedo de hablar español. Pero no .... razón, Todd, es fácil.

Tengo tiempo, ... tres semanas para eso. ¡Qué suerte!

Sí, ... razón. Vamos, llegamos tarde a la cena!

De acuerdo, tengo hambre!

find and circle the right word missing from the dialog bubbles

presentar / conocer / saludar

soy / tengo que / estoy

está / eres / tienes

hay / están / son

estamos / tienes / somos

Answers: conocer, tengo que, tienes, hay, tienes

Help Todd by selecting the correct sentences.

check the right square
Encantado, mi nombre es Todd.
Encantado, mi nombre tiene Todd.
Encantado, mi nombre está Todd.
Hay un problema. Llego muy tarde.
Hay un problema. Estoy muy tarde
Hay un problema. Soy muy tarde.
Ud. es de acuerdo con mi profesor.
Ud. está de acuerdo con mi profesor.
Ud. tiene de acuerdo con mi profesor.
Answers:
Encantado, mi nombre es Todd.
Hay un problema. Llego muy tarde.
Ud. está de acuerdo con mi profesor.

entre bastidores

behind the scenes

Buenos días señorita. Tengo que hablar con usted.
I need to talk with you.
Mi nombre es Bruno.
Hola. Me llamo Kate.
Back off, mate, the lady doesn't speak Spanish!
Entonces, ¿Le gusta a Ud. España?
So, how do you like Spain?
Sí, por tres semanas.
for 3 weeks
¿Está de vacaciones?
Are you on vacation?
Estoy con un grupo.
I'm with a group.
Nosotros estamos en un viaje de estudio para aprender español.
We're in a Spanish language study program.
Espero verla otra vez, Kate.
I hope to see you again.
Aquí tiene mi número.
Está bien, gracias. Yo le llamo, quizá.
maybe
Estoy muy ocupada.
busy
Adiós, Bruno.
¡Estoy realmente encantada! delighted
¡Tengo un amigo español!
Stop it!
¡Para, fanfarróna! show-off
¡Es sólo un contacto! only
Yo también tengo que conocer a alguien. ¡Soy el eslabón débil del proyecto!
I have to meet someone, too. I'm the weak link of the project!
Paciencia, Todd!
¡Felicitaciones a ambos! both
¡Estoy orgulloso de Uds.! proud
¡Gracias, César! ¡Es Ud. muy amable!
kind
The first day went very well for Kate and Todd.

Project Runway & Railway

Welcome back! Our aim today is to boost Todd and Kate's language skills for traveling around. They need to be self-sufficient so they can make their way from *el aeropuerto* to *el hotel*, or *la estación* to *el restaurante*.
To do this effectively, of course, you need to be able to ask questions.
And you'll also find it helpful to know a few verbs of motion to describe all your comings and goings.
So, Kate and Todd, we've brought you here to Spain's largest airport, Barajas.

in this episode

en el aeropuerto

tres maneras de hacer preguntas
3 ways to ask questions

las palabras interrogativas
question words

los artículos

los verbos ir y venir
to go, to come

otros verbos de movimiento
verbs of movement

preposiciones de lugar
prepositions of place

en el aeropuerto

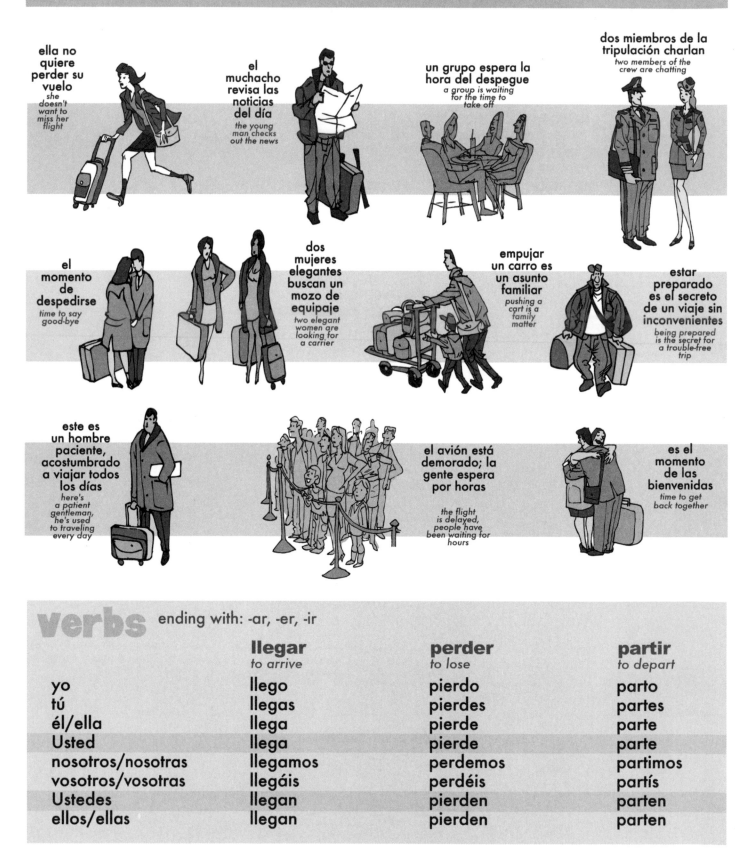

ella no quiere perder su vuelo
she doesn't want to miss her flight

el muchacho revisa las noticias del día
the young man checks out the news

un grupo espera la hora del despegue
a group is waiting for the time to take off

dos miembros de la tripulación charlan
two members of the crew are chatting

el momento de despedirse
time to say good-bye

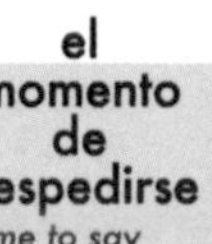

dos mujeres elegantes buscan un mozo de equipaje
two elegant women are looking for a carrier

empujar un carro es un asunto familiar
pushing a cart is a family matter

estar preparado es el secreto de un viaje sin inconvenientes
being prepared is the secret for a trouble-free trip

este es un hombre paciente, acostumbrado a viajar todos los días
here's a patient gentleman, he's used to traveling every day

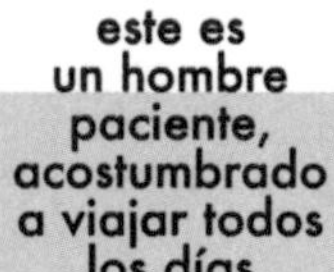

el avión está demorado; la gente espera por horas
the flight is delayed, people have been waiting for hours

es el momento de las bienvenidas
time to get back together

verbs ending with: -ar, -er, -ir

	llegar *to arrive*	**perder** *to lose*	**partir** *to depart*
yo	llego	pierdo	parto
tú	llegas	pierdes	partes
él/ella	llega	pierde	parte
Usted	llega	pierde	parte
nosotros/nosotras	llegamos	perdemos	partimos
vosotros/vosotras	llegáis	perdéis	partís
Ustedes	llegan	pierden	parten
ellos/ellas	llegan	pierden	parten

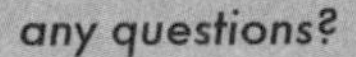

¿hay preguntas?

any questions?

Veamos tres maneras de hacer una pregunta

Here are the three ways to ask a question

1 ¿Están ellos listos?	*Are they ready?*	1 using inversion
2 Ellos ¿están listos?		2 by intonation with pronoun
3 ¿Están listos?		3 by intonation without pronoun

inversion

1

¿Te quedas tú a cenar?	*Are you staying for dinner?*
¿Tienes tú novio?	*Do you have a boyfriend?*

Do ... do we have to learn all the ways?
Relax. Let's make it over!

declarative sentence with pronoun

2

Tú ¿permaneces en casa?	*Are you staying home?*
Tú ¿tienes novia?	*Do you have a girlfriend?*

declarative sentence without pronoun

3

¿Permaneces en casa?	*Are you staying home?*
¿Tienes novia?	*Do you have a girlfriend?*

shortcut alert

The third way is the easiest! In Spanish you can use a declarative sentence with an interrogative intonation.
It's a plain affirmative sentence with a question mark?
A dream!
Like the one you just did.

¿más preguntas?

more questions?

Let's see more examples of asking questions using a normal sentence . . .

¡De acuerdo!

affirmative sentences with interrogative intonation

¿Este asiento está libre?
Is this seat available?

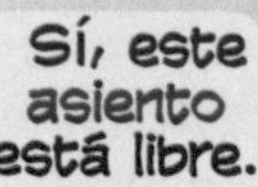

Sí, este asiento está libre.
Yes, this seat is available.

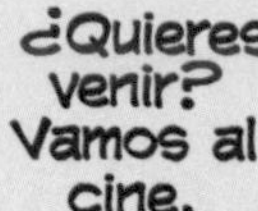

¿Quieres venir? Vamos al cine.
Wanna come? We're going to the movies.

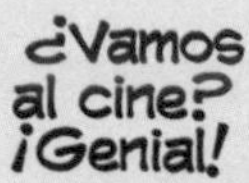

¿Vamos al cine? ¡Genial!
We're going to the movies? Cool!

Querida ¿recuerdas comprar pan?
Hon, remember to buy a baguette?
¿Tienes cambio?
You've got change?

¿verdad? *right?* **¿cierto?** *right?*
¿sí? *isn't it?* **¿no?** *isn't it*

¿qué tal? how...?/ how about?
¿es qué + verb?

affirmative sentences with interrogative ending

In Spanish, when you expect a yes-no answer, you can turn a declarative sentence into a question by adding a simple word at the end. Like:
¿verdad? ¿cierto? ¿sí? ¿no?

So basically, I can ask anything using an affirmative sentence with a tag question at the end?

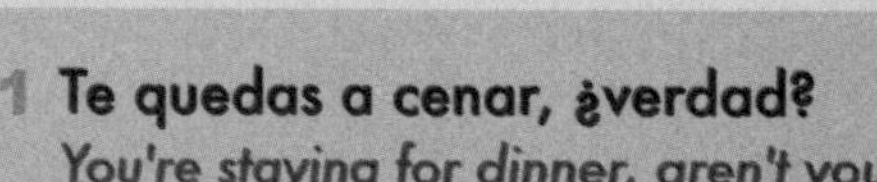

1 **Te quedas a cenar, ¿verdad?**
You're staying for dinner, aren't you?

2 **Tienes novia, ¿no es verdad?**
You have a girlfriend, don't you?

3 **Es tarde, ¿no?**
It is late, isn't it?

4 **Esperas mucho, ¿cierto?**
You've been waiting a lot, haven't you?

two ways to start questions:

To ask for someone's opinion or suggest to do something, start your sentence with:
¿Qué tal?

To emphasize, start your sentence with:
¿es qué + verb?

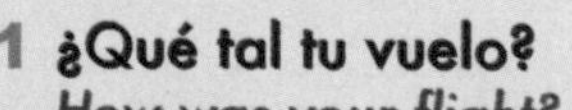

1 **¿Qué tal tu vuelo?**
How was your flight?

¿Qué tal si vamos al cine?
Which is a way to say at the same time:
- *Would you like to go to the movies?*
- *Let's go to the movies!*

2 **¿Es qué sales temprano hoy?**
How come you are going out early today?

¿Es qué no llegamos a tiempo?
Aren't we arriving on time?

muchas preguntas para viajar

many questions for travelling

Las palabras interrogativas
the interrogative keys

¿Dónde? *where?* **¿Adónde?** *where to?* **¿Cuándo?** *when?* **¿Cómo?** *how?* **¿Por qué?** *why?*
¿Cuánto/a? *how much?* **¿Cuántos/as?** *how many?* **¿Quién/es?** *who?* **¿Qué?** *what?* **¿Cuál/es?** *what/which one/s?*

¿Dónde está Todd?
Where is Todd?
Él está comprando una revista, ¿no?
He went to buy a magazine, didn't he?
¿Adónde va sin su billete y su documento?
Where did he go without his ticket and his ID?

Él está hablando sin duda con una bella mujer.
He must be talking to a pretty woman.

Yo pierdo mi avión/tren.
I'm missing my plane/train.

¿Dónde está mi billete/ mi pasaporte?
Where is my ticket/ my passport?

¿Dónde está mi equipaje?
Where is my luggage?

¿Dónde está la casa de cambio?
Where is the money exchange kiosk?

¿Dónde está el baño?
Where are the restrooms?

¿Por qué están de huelga?
Why are they on strike?

¿Cuánto tiempo va a durar?
How long is it going to last?

¿Cómo puedo pasar un mensaje por el altavoz?
How can I make an announcement over the loudspeakers?

¿Lo espera alguien?
Is someone waiting for you?

¿Dónde es el punto de encuentro?
Where is the meeting point?

¿Cuántas maletas tiene?
How many bags do you have?

¿Viaja solo o con un grupo?
Are you traveling alone or with a group?

¿Cuándo parte su tren?
When is your train leaving?

¿A qué hora despega su avión?
What time is your flight?

¿Qué ciudades quiere visitar?
What cities do you want to visit?

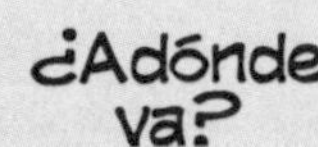
¿Adónde va?
Where are you going?

los artículos

definite articles

el, la, los, las *the*

Remember:
all nouns in Spanish are either masculine or feminine. Their articles need to match.

los artículos definidos: el, la, los, las = the

definite articles are placed before nouns, they agree in gender and number with the noun

masculine: **el, los**	feminine: **la, las**
el señor (masculine) *the gentleman*	**la** señora (feminine) *the lady*
los señores (plural masculine)	**las** señoras (plural feminine)

*Before a stressed "**a**" or stressed "**ha**,"* **la** *becomes* **el**:
el águila, el agua, el arma, el hada

al, a los, a la, a las *to the*

after the preposition **a**, *a masculine definite article contracts as:* **a + el = al**

		yo voy...	
to the + masculine noun	a + el = **al**	al café	*to the café*
to the + feminine noun	**a la**	a la playa	*to the beach*
to the + masculine plural noun	**a los**	a los pasajes	*to the arcades*
to the + feminine plural noun	**a las**	a las cajas	*to the cashiers*

del, de la, de los, de las *from the*

after the preposition **de**, *a masculine definite article contracts as:* **de + el = del**

		yo vengo...	
from the + masculine noun	de + el = **del**	del café	*from the café*
from the + feminine noun	**de la**	de la playa	*from the beach*
from the + masculine plural noun	**de los**	de los pasajes	*from the arcades*
from the + feminine plural noun	**de las**	de las cajas	*from the cashiers*

indefinite articles

un, una *a, an* unos, unas *some*

los artículos definidos: un, una, unos, unas = *a, an, some*

indefinite articles are placed before nouns, they agree in gender and number with the noun

singular: **un, una**	plural: **unos, unas**
un hombre (masculine) *a man*	**unos** hombres *some men*
una mujer (feminine) *a woman*	**unas** mujeres *some women*

ir y venir

Be careful to select the correct **preposiciones** after **ir** and **venir!**

verbs	ir *to go*	venir *to come*
yo	voy	vengo
tú	vas	vienes
él/ella	va	viene
Usted	va	viene
nosotros/as	vamos	venimos
vosotros/as	váis	venís
Ustedes	van	vienen
ellos/ellas	van	vienen

El vuelo viene **de** Madrid y va directo **a** Nueva York.
The flight comes from Madrid and goes direct to New York.

¿adónde?
where to?
¿de dónde?
where from?

¿Adónde va Anny? Ella va a Japon.
Where is Anny going? To Japan.

¿De dónde viene Shamir? El viene de Francia.
Where is Shamir coming from? From France.

origen *from*

Yo vengo ¿de dónde?

de España
de Madrid
de tu casa
del cine
de la escuela
de las playas

destinación *to*

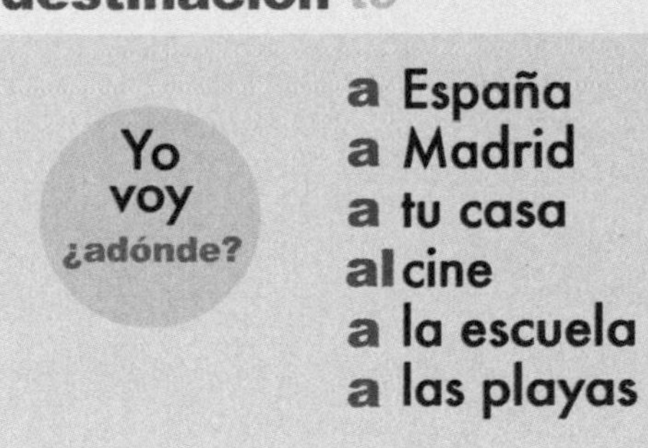

Yo voy ¿adónde?

a España
a Madrid
a tu casa
al cine
a la escuela
a las playas

where the action takes place
en
at, in, on, by
en is mostly used with verbs of no movement.

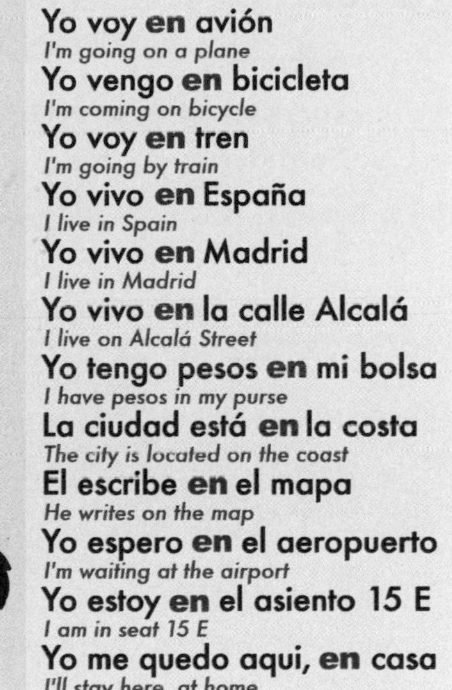

Yo voy **en** avión
I'm going on a plane
Yo vengo **en** bicicleta
I'm coming on bicycle
Yo voy **en** tren
I'm going by train
Yo vivo **en** España
I live in Spain
Yo vivo **en** Madrid
I live in Madrid
Yo vivo **en** la calle Alcalá
I live on Alcalá Street
Yo tengo pesos **en** mi bolsa
I have pesos in my purse
La ciudad está **en** la costa
The city is located on the coast
El escribe **en** el mapa
He writes on the map
Yo espero **en** el aeropuerto
I'm waiting at the airport
Yo estoy **en** el asiento 15 E
I am in seat 15 E
Yo me quedo aqui, **en** casa
I'll stay here, at home

Careful! With this exception: Yo voy **a** pie. I go on foot.
Yo vengo **a** pie. I come on foot.

Of course, these verbs also work with short distances.
Yo vengo **de** la cocina. Yo voy **al** baño.
kitchen
bathroom
Después, me quedo **en** la sala a mirar la tele.
living room
watching TV

en marcha !

on the move!

Q Complete with **el** or **la**

..... estación — *the station*
..... taxi — *the cab*
..... metro — *the subway*
..... parada de autobús — *the bus stop*
..... motocicleta — *the motorcycle*
..... coche — *the car*
..... billete de tren — *the train ticket*
..... sala de espera — *the waiting room*
..... puerta de embarque — *the boarding gate*

Un sustantivo es usualmente precedido por un artículo: el, la, los, las, un, una, unos, unas.
A noun is usually preceded by an article.
Answers at the bottom of the exercise

Q Complete with **el, la, los, las**

.... Habana
.... Paz, capital de Bolivia
.... Salvador

....Brasil
....Estados Unidos
....Ecuador
....Perú
....Argentina

....Paraguay
....Uruguay
....Filipinas
....República Dominicana

la estación, el taxi, el metro, la parada de autobús, la motocicleta, el coche, el billete de tren, la sala de espera, la puerta de embarque.
La Habana, La Paz, El Salvador, el Brasil, los Estados Unidos, el Ecuador, el Perú, la Argentina, el Paraguay,
el Uruguay, las Filipinas, la República Dominicana

Q Let's have fun with vocabulary

I've already found one of them!

Find the words in the list hidden in the puzzle grid below.

N	O	O	L	G	C	O	P	E	I	A	M	A	L	E	T	A	D
V	O	H	K	E	C	K	J	N	V	E	E	B	A	M	P	U	C
P	A	D	O	R	V	A	F	I	D	O	T	N	E	I	S	A	A
A	O	C	A	R	P	R	Ó	J	R	A	T	A	F	A	Z	A	R
R	R	B	A	I	A	N	H	A	B	I	T	A	C	I	Ó	N	R
T	I	I	U	C	R	R	S	A	L	Q	U	I	L	A	R	N	E
I	V	Q	C	C	I	E	I	B	S	H	P	T	D	W	E	V	T
D	E	I	O	Q	R	O	F	O	O	R	E	J	A	S	A	P	E
A	Ó	C	A	G	W	S	N	A	A	O	D	K	U	Z	U	F	R
N	H	K	E	J	T	D	Q	E	Í	C	I	Q	M	B	E	D	A
E	E	R	T	N	E	N	Y	G	S	D	R	D	Q	V	X	I	J

carretera, coche, equipaje, maleta
barco, infracción, día feriado, pasajero
horario, ir, asiento
habitación, regresar, partida
alquilar, viaje, avión
vacaciones, pedir, azafata

With MY pen!

los verbos de movimiento

motion verbs

To avoid any confusion, let's look at **motion verbs**

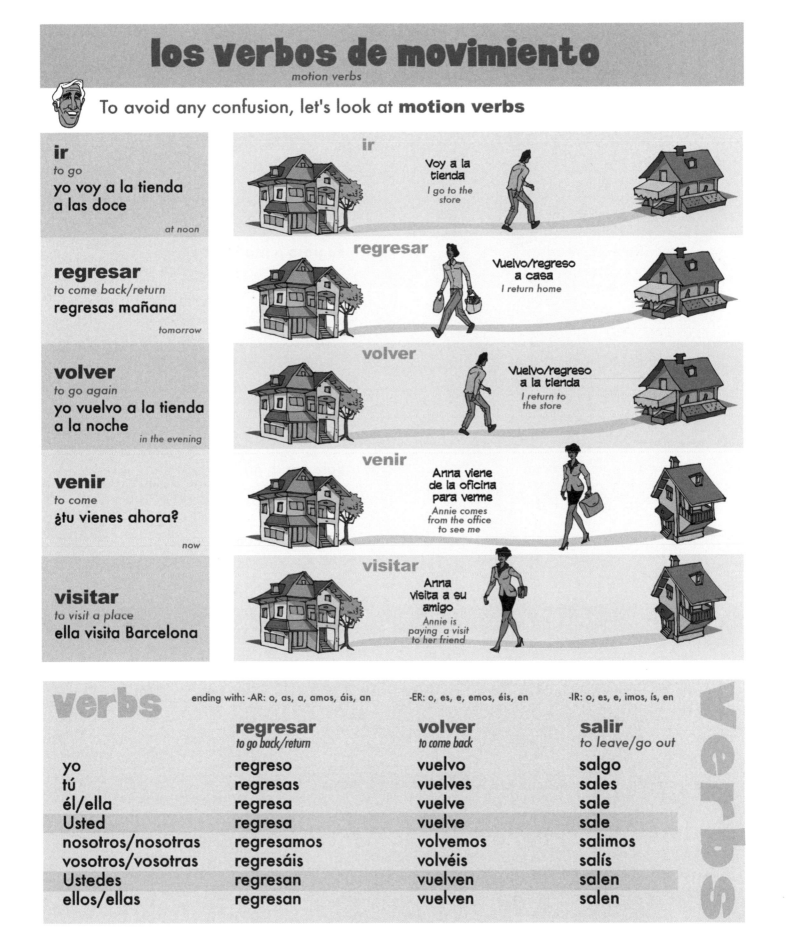

ir
to go
yo voy a la tienda
a las doce
at noon

regresar
to come back/return
regresas mañana
tomorrow

volver
to go again
yo vuelvo a la tienda
a la noche
in the evening

venir
to come
¿tu vienes ahora?
now

visitar
to visit a place
ella visita Barcelona

ir
Voy a la tienda
I go to the store
regresar
Vuelvo/regreso a casa
I return home
volver
Vuelvo/regreso a la tienda
I return to the store
venir
Anna viene de la oficina para verme
Annie comes from the office to see me
visitar
Anna visita a su amigo
Annie is paying a visit to her friend

verbs

ending with: -AR: o, as, a, amos, áis, an -ER: o, es, e, emos, éis, en -IR: o, es, e, imos, ís, en

	regresar *to go back/return*	**volver** *to come back*	**salir** *to leave/go out*
yo	regreso	vuelvo	salgo
tú	regresas	vuelves	sales
él/ella	regresa	vuelve	sale
Usted	regresa	vuelve	sale
nosotros/nosotras	regresamos	volvemos	salimos
vosotros/vosotras	regresáis	volvéis	salís
Ustedes	regresan	vuelven	salen
ellos/ellas	regresan	vuelven	salen

verbs

Makeover

informe de evolución # 2

progress report

antes (before)	después (after)
Voy aquí	Voy ahí voy ahí
Vengo ahí	Vengo aquí
Regreso Madrid	Regreso a Madrid
Vuelvo en Chile	Vuelvo a Chile
Parto a tren	Parto en tren
Permaneces a América	Permaneces en América
Vamos en pie	Vamos a pie
Volvemos a bicicleta	Volvemos en bicicleta
Sale en la noche	Sale por la noche
Voy en España	Voy a España
Estamos a Buenos Aires	Estamos en Buenos Aires

Remember to write in the correct form yourself to reinforce your Makeover!

Put the words in order to build a sentence.

por Él noche sale la seguido

Él . . .

va la en Ella a oficina coche

de salen escuela la Ellos tarde muy

a las tren tarde El parte cinco de la

madre de su Ella casa va a la

Él sale seguido por la noche.
He often goes out in the evening.

Ella va a la oficina en coche.
She is going to the office by car.

Ellos salen muy tarde de la escuela.
They leave school very late.

El tren parte a las cinco de la tarde.
The train leaves at 5:00 PM.

Ella va a la casa de su madre.
She is going to her mother's house.

el gran desafío

the big challenge

Kate and Todd, find your way back to the hotel, at metro station Atocha.

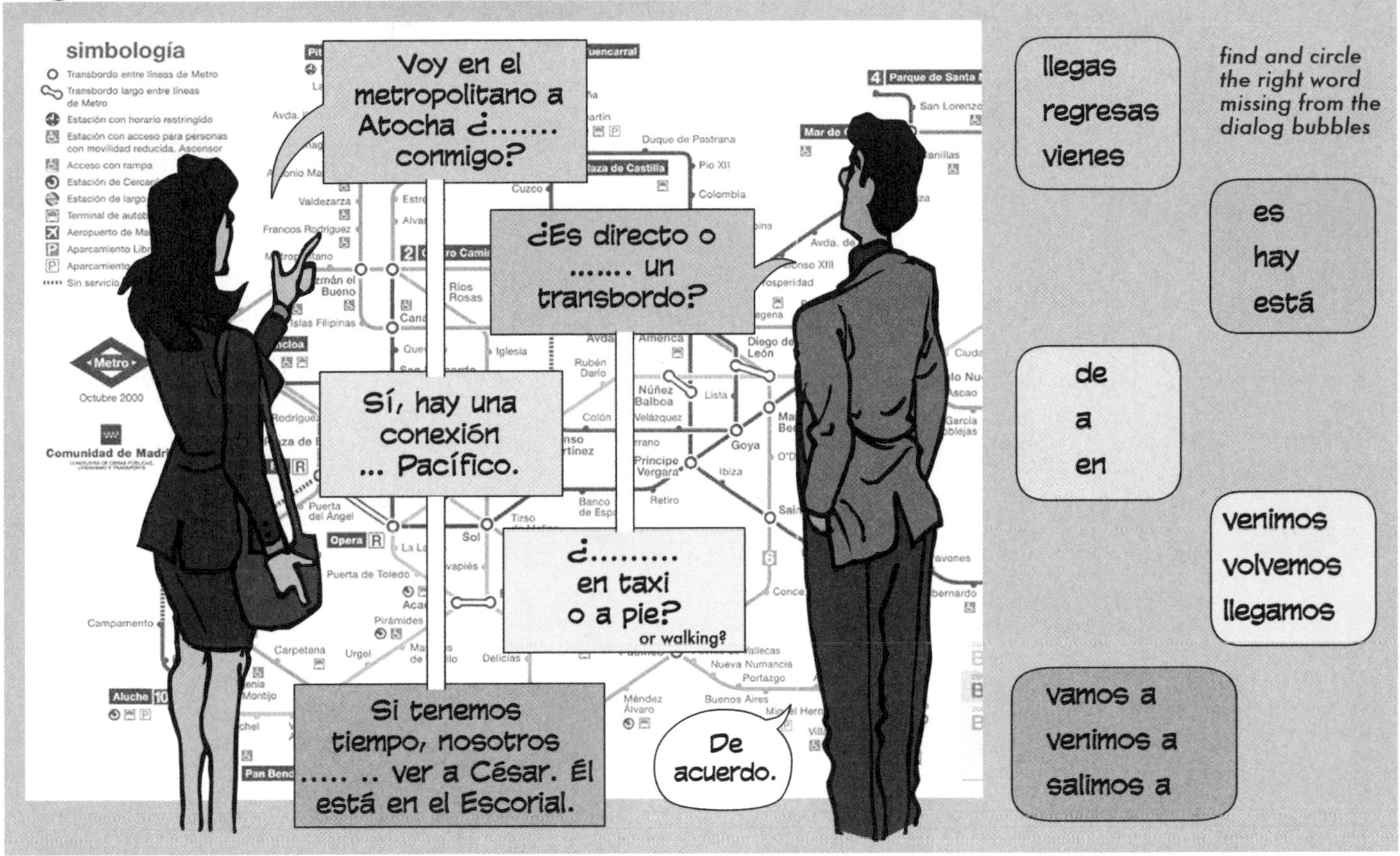

simbología
Voy en el metropolitano a Atocha ¿....... conmigo?
¿Es directo o .... un transbordo?
Sí, hay una conexión ... Pacífico.
¿......... en taxi o a pie?
or walking?
Si tenemos tiempo, nosotros .... ver a César. Él está en el Escorial.
De acuerdo.
llegas
regresas
vienes
find and circle the right word missing from the dialog bubbles
es
hay
está
de
a
en
venimos
volvemos
llegamos
vamos a
venimos a
salimos a

Answers: vienes, hay, en, volvemos, vamos a

Help Todd by selecting the correct answers.

check the right square

Venimos de el hotel. ☐	Venimos del hotel. ☐	Venimos de hotel. ☐

¿A la qué hora parte mi tren? ☐	☐ Regresamos mañana en la mañana.
¿Qué hora parte mi tren? ☐	☐ Regresamos mañana a la mañana.
¿A qué hora parte mi tren? ☐	☐ Regresamos mañana mañana.

Answers:

Regresamos mañana a la mañana.

¿A qué hora parte mi tren?

Venimos del hotel.

entre bastidores

behind the scenes

¿Otra huelga?
Another strike?
¿Cómo hago para ir al peluquero?
How am I supposed to get the hairstylist?
PELUQUERÍA
en huelga

Discúlpeme, pero en español se dice: "ir a la peluquería".
Excuse me, but in Spanish you're supposed to say "going to the hairdressing salon."
en huelga

¿Ah, sí?
Oh yeah?
¡Vas en tu país! ¡Turista!
Go home, you tourist!

Pues, esta vez la manera correcta es: "Regresa a tu país."
Well, this time the correct way is: "Go back to your country."

Good job!
Excellent!
Bravo!
PELUQUERÍA

Meal or No Meal

in this episode

la familia a la mesa

como expresar las cantidades
expressing quantities

las comidas del día
meals

en la cocina
in the kitchen

en el restaurante
at the restaurant

Kate and Todd, good job in making your way to your hotel yesterday!

Not too difficult. But the Madrid metro smells funny!

Today your challenge will be to *pedir la comida* at a restaurant. order a meal

But first we'll prepare you *algo de comer*, with the names of *las carnes, los vegetales,* and *las frutas!*
something to eat
the meats
the vegetables
the fruits

?

And please meet *la señora Mendoza, el ama de casa.*
the lady of the house
Buenos días, everybody.

3

la familia a la mesa

food and family

¡A la mesa!

Here are some expressions and verbs to feel at home at the table.

Aquí tienen, ¡la comida está lista!
Here, it's ready!
¡Cuidado! ¡Está caliente!
Watch out, it's hot!
¡Qué rico! El puré de mamá ¡me encanta!
Yummy, Mom's mashed potatoes, I love it!
A mí, también.
Me too.
Abuela, ¿tienes hambre?
Gran, are you hungry?
¿Yo? ¡Me muero de hambre!
Me? I'm starving!

La comida está servida. *Dinner is served.*
La comida está lista. *It's ready.*
¿Dónde está *Where's* **mi tenedor?** *my fork?*
¿Hay postre? *Is there dessert?*
Qué rico. *It's good.*
Tengo sed. *I'm thirsty.*
Gracias *Thanks* **y felicitaciones** *and compliments* **a la cocinera.** *to the cook.*

verbs ending with: -ar, -er, -ir

	desayunar *to have breakfast*	**almorzar** *to have lunch*	**cenar** *to have supper*	**tomar** *to take/drink*
yo	desayuno	almuerzo	ceno	tomo
tú	desayunas	almuerzas	cenas	tomas
Ud./él/ella	desayuna	almuerza	cena	toma
nosotros/as	desayunamos	almorzamos	cenamos	tomamos
vosotros/as	desayunáis	almorzáis	cenáis	tomáis
Uds./ellos/as	desayunan	almuerzan	cenan	toman

	comer *to eat*	**beber** *to drink*	**poner** *to put/set*	**servir** *to serve*
yo	como	bebo	pongo	sirvo
tú	comes	bebes	pones	sirves
Ud./él/ella	come	bebe	pone	sirve
nosotros/as	comemos	bebemos	ponemos	servimos
vosotros/as	coméis	bebéis	ponéis	servís
Uds./ellos/as	comen	beben	ponen	sirven

cantidades

quantities

When we talk about quantity, **bastante** and **demasiado** will be a great help. They are almost opposite in meaning. Be careful because both can be used as an adjective or an adverb.

DEMASIADO *as adjective* — *too much/many*

Singular/masculine noun

DEMASIADO

Pones demasiado aceite
You put in too much oil

Singular/feminine noun

DEMASIADA

Coméis demasiado sal
You eat too much salt

Plural/masculine noun

DEMASIADOS

Pides demasiados postres
You order too many desserts

Singular/feminine noun

DEMASIADAS

Sirven demasiadas bebidas
They serve too many drinks

DEMASIADO *as adverb*

Comen demasiado despacio
They eat too slowly

La salsa es demasiado pesada
The sauce is too heavy

El bebe café demasiado caliente
He drinks the coffee too hot

Las peras están demasiado caras
The pears are too expensive

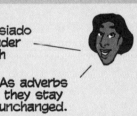

As adjectives, bastante and demasiado must agree in gender and number with a noun.

As adverbs they stay unchanged.

BASTANTE *as an adjective* — *enough/quite*

BASTANTE *singular*

¿Tenemos bastante vino bueno?
Do we have enough good wine?

Coméis bastante fruta
All of you eat enough fruit

BASTANTES *plural*

No hay bastantes sillas
There are not enough chairs

Pedís bastantes porciones de pastel
You order enough slices of pie

BASTANTE *as an adverb*

Ud. almuerza bastante temprano
You have lunch quite early

Desayuno bastante a menudo en el bar
I have breakfast quite often at the café

Los buñuelos están bastante frescos
The doughnuts are quite fresh

Las cenas son bastante buenas aquí
The dinners are quite good here

más cantidades

more quantities

Let's see now some nouns that help us to express quantities

otros cantidades *other quantities*	algunos recipientes *some containers*	otras medidas *other measures*
un poco de *a little bit of*	un plato de *a plate of*	un pedazo de *a piece of*
un poquito de *a very little bit of*	una taza de *a cup of*	un trozo de *a piece of*
un poco más de *a little more of*	un vaso de *a glass of*	una docena de *a dozen of*
un poco menos de *a little less of*	una cucharada de *a spoonful of*	una rebanada de *a slice of*
mucho *much*	una lata de *a can/box of*	una parte de *a part of*
mucho más *much more*	una botella de *a bottle of*	un kilo de *a kilo of*
mucho menos *much less*	un litro de *a liter of*	un gramo de *a gram of*
muchos/as más *a lot more*	una caja de *a box of*	una pizca de *a pinch of*
muchos/as menos *a lot less*	un cubo de *a bucket of*	un puñado de *a handful of*

We can't say: Quiero poco papas.
We'd say: Quiero pocas papas.
When you have doubt about the gender, take a shortcut using un poco de . . . "a little bit of . . ."
Yo compro un poco de carne. Tengo un poco de dinero.
shortcut alert
POCOS
Yo quiero I want
poco some
mejillones mussels
POCA
Yo quiero I want
poco some
pasta pasta
POCAS
Yo quiero I want
poco some
papas potatoes

las comidas: el desayuno

meals: breakfast

poner la mesa

setting the table

Let's set the table using the verb "Poner" from this chapter and the proper articles.

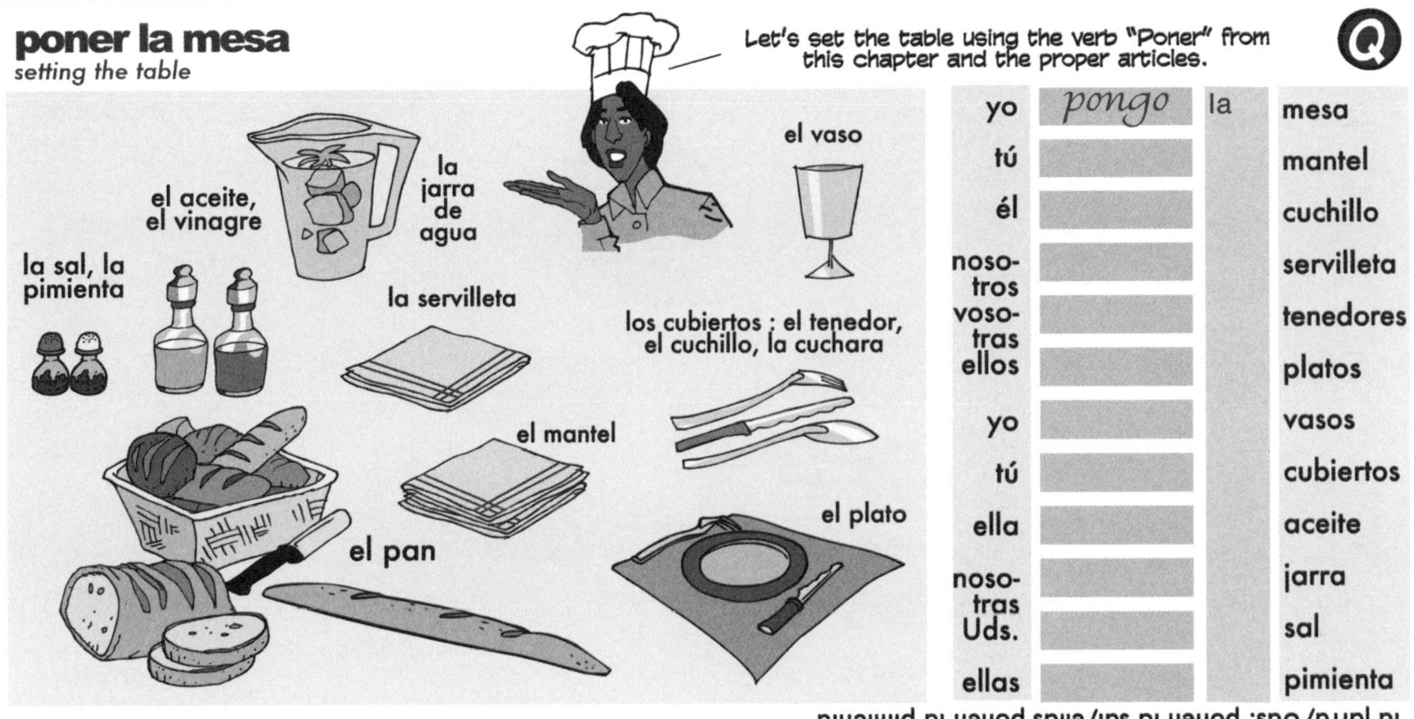

el vaso
la jarra de agua
el aceite, el vinagre
la sal, la pimienta
la servilleta
los cubiertos : el tenedor, el cuchillo, la cuchara
el mantel
el plato
el pan

yo	*pongo*	la	mesa
tú			mantel
él			cuchillo
nosotros			servilleta
vosotras			tenedores
ellos			platos
yo			vasos
tú			cubiertos
ella			aceite
nosotras			jarra
Uds.			sal
ellas			pimienta

PONER: pongo la mesa/ tú pones el mantel/ él pone el cuchillo/nosotros ponemos la servilleta/ vosotras ponéis los tenedores/ ellos ponen los platos/ yo pongo los vasos/tú pones los cubiertos/ella pone el aceite/nosotras ponemos la jarra/Uds. ponen la sal/ellas ponen la pimienta

desayunar

having breakfast

Fix your breakfast using the right verb with: el, la, las, los.

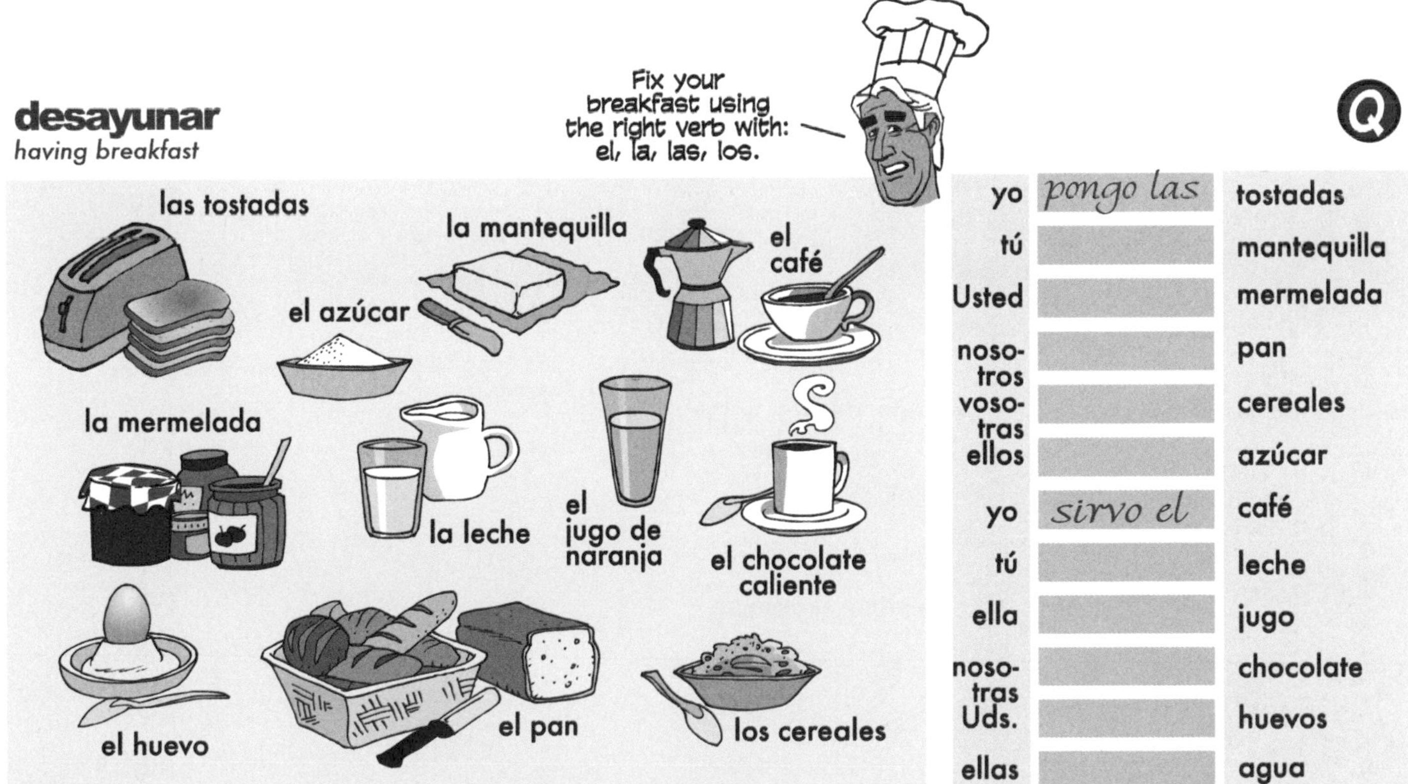

las tostadas
la mantequilla
el café
el azúcar
la mermelada
la leche
el jugo de naranja
el chocolate caliente
el huevo
el pan
los cereales

yo	*pongo las*	tostadas
tú		mantequilla
Usted		mermelada
nosotros		pan
vosotras		cereales
ellos		azúcar
yo	*sirvo el*	café
tú		leche
ella		jugo
nosotras		chocolate
Uds.		huevos
ellas		agua

las tostadas/la mantequilla/la mermelada/el pan/los cereales/el azucar/el café/la leche/el jugo/el chocolate/los huevos/el agua

las comidas: el almuerzo y la cena

meals: lunch and dinner

preparar el almuerzo

preparing lunch

Complete by using: el, la, las, los

la ensalada
el aceite, el vinagre
la sal, la pimienta
los mejillones
los vegetales
la broqueta
las carnes y los embutidos
la tarta/el pastel
el pescado

quisiera: Q

- ensalada
- sal
- pimienta
- aceite
- vinagre
- mejillones
- vegetales
- carnes
- embutidos
- tarta
- pescados

la ensalada, la sal, la pimienta, el aceite, el vinagre, los mejillones, los vegetales, las carnes, los embutidos, la tarta, los pescados

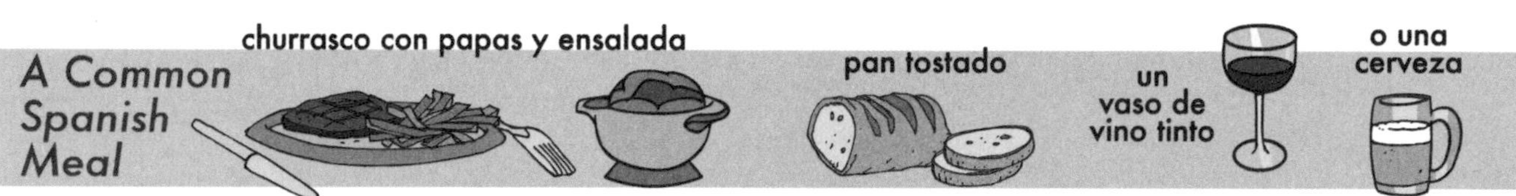

A Common Spanish Meal
churrasco con papas y ensalada
pan tostado
un vaso de vino tinto
o una cerveza

preparar la cena

preparing dinner

la sopa, el potaje
el puchero, el cocido
los encurtidos
el paté
las aves, el pollo, el pavo, etc. (poultry)
el pastel de verduras
el guiso, el estofado
las papas gratinadas
los postres, las tartas y los pasteles
el suflé

quisiera: Q

- sopa
- potaje
- embutido
- paté
- tarta
- aves
- pollo
- pavo
- suflé
- guiso
- postre

la sopa, el potaje, el embutido, el paté, la tarta, las aves, el pollo, el pavo, el suflé, el guiso, el postre

en la cocina

in the kitchen

La receta de buñuelos

recipe for donuts

los ingredientes:

75 Grs. de mantequilla
500 Grs. de harina
4-5 Huevos
Una pizca de sal
Sabores: jamón, queso, coliflor, manzanas, o bananas
1 Litro de agua (puede ser mitad agua y mitad leche)

lait
FARINE
RHUM
Sucre Vanille
SUCRE

preparación:

1) Fundir la mantequilla en agua hirviendo con la sal.
2) Añadir la harina y mezclar con una espátula.
3) Sacar la masa del fuego y dejarla reposar por 15 minutos.
4) Incorporar los huevos uno por uno. Añadir los sabores.
5) Freír pequeñas bolitas de la masa.

1) Melt butter in boiling water with salt.
2) Add the flour and mix well with a spatula
3) Remove dough from heat and let rest for 15 minutes.
4) Add the eggs one by one. Add the flavors.
5) Fry little balls of the dough in hot oil.

Ana, ¿prefieres los buñuelos dulces o salados?
sweet or salty
Salados, sí, buñuelos de jamón y queso o de coliflor.
ham, cheese, or cauliflower
¡Y para mí, buñuelos dulces de manzana y de banana cubiertos con chocolate!
chocolate-covered apple and banana donuts

vamos a comer fuera

let's eat out

Now, Kate and Todd, you're ready to eat out. But how to choose? Check out the menu and the prices first.

Key menu terms

- el menú -
El aperitivo,
las tapas o antojitos
Sopas
Aves
Mariscos, carnes,
huevos
Salsas
Verduras
Bebidas
Postres
Un café y la cuenta

CAFETERÍA

Buenos días, caballero. ¿Le sirvo algo ?
Can I bring you something?
No aún, espero a unos amigos.
Not yet, I'm expecting friends.
CAFÉ

Parilla

A la carta

Antojitos y tapas
Caldo de gallina
Chorizo con quesos

Carne guisada
Bacalao criollo
Croquetas de pollo
Calamares en su tinta
Pollo con arroz

Flan de coco
Budín de pan
Arroz con leche

¿Una mesa para dos?
Table for two?
Sí, por favor. Hicimos una reservación por teléfono.
Yes, please. We made a reservation by phone.

Aquí sólo servimos café, capuchino, café con leche, refrescos, cervezas, emparedados, y ensaladas.

Here we only serve coffee, cappuccino, coffee with milk, sodas, beer, sandwiches, and salads.

Bar

RESTAURANTE

Menú del día

Chorizo o morcilla
Lengua a la vinagreta

Lomo con papas fritas
Churrasco con ensalada
Cordero a la parrilla con verduras

Costillas de cerdo con puré

Helado
Calabaza en almíbar

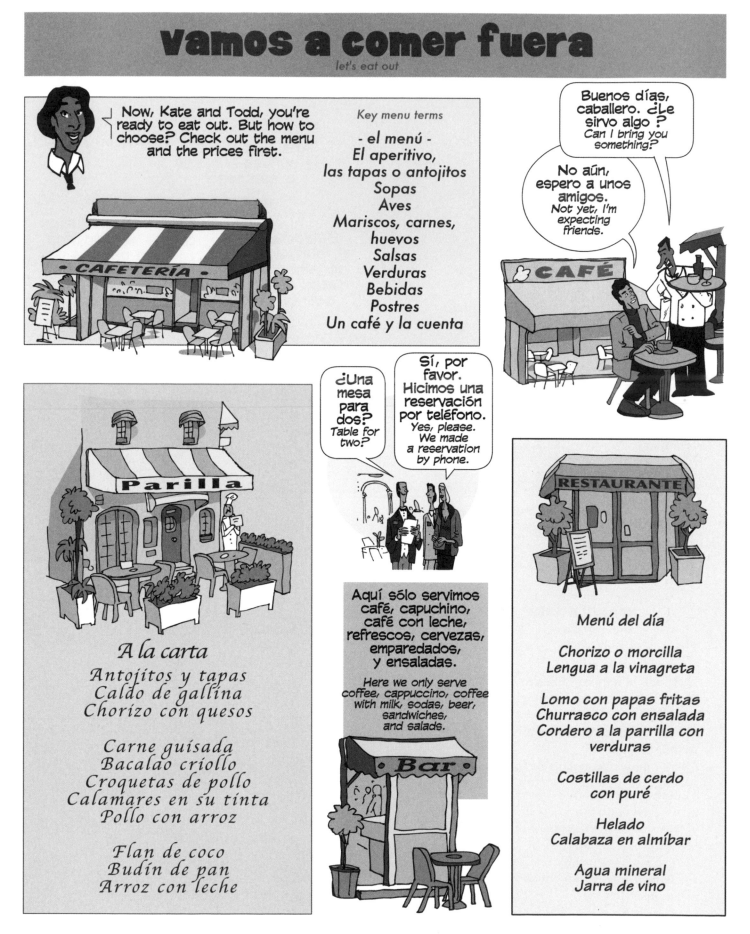

Agua mineral
Jarra de vino

en el restaurante

¿Han pedido algo?

Did you order?

¿Ya han elegido el vino?
Have you folks chosen the wine already?
Les sugiero un vino tinto chileno o un vino blanco de la Rioja.
I'd suggest a red wine or a white from la Rioja.
Le confiamos la elección del vino.
We trust him about the wine.
el sumiller
the wine steward

¿Dónde está el baño, por favor?
Where is the bathroom, please?
Quisiera una botella de agua, por favor.
I'd like a bottle of water, please.
Por favor, ¿podría traerme la cuenta?
Check, please.
¿Puedo proponerles un aperitivo?
May I suggest a before-dinner drink?
¿Han elegido ya?
Have you chosen?
¿Cómo quiere su carne? ¿Bien cocida, a punto, sangrante?
How do you want the meat? Well done, medium, rare?
Esto ¿es todo ?
That'll be all?
Sí, gracias.
el maître
the head waiter

La propina no está incluida generalmente. Siempre es bien recibida la propina aunque no está determinado el porcentaje.
The tip is not included. But if you are pleased with the service, a gratuity is appreciated, there is no set percentage.
el camarero/mozo/mesero
waiter/waitress

verbs ending with: -ar, -er, -ir

	pagar *to pay*	**querer** *to want/love*	**pedir** *to order*
yo	pago	quiero	pido
tú	pagas	quieres	pides
él/ella	paga	quiere	pide
Usted	paga	quiere	pide
nosotros/nosotras	pagamos	queremos	pedimos
vosotros/vosotras	pagáis	queréis	pedís
Ustedes	pagan	quieren	piden
ellos/ellas	pagan	quieren	piden

informe de evolución # 3

progress report

antes *before*	**después** *after*
Hay bastante platos	Hay bastantes platos
Ellos comen bastantes	Ellos comen bastante
Son demasiadas sabrosos	Son demasiado sabrosas
Son demasiado cucharas	Son demasiadas cucharas
Poco manzanas	Pocas manzanas
Tengo desayuno mucho	Desayuno mucho
Tienen poco almuerzo	Almuerzan poco
Tienes café	Tomas café/Bebes café
Quiero poco de salsa	Quiero poca salsa
Un poco vaso de coñac	Un pequeño vaso de coñac

Notice that sólo un poco means "just a little" but a "little bottle" is una botella pequeña.
Poco is for quantity, pequeño is for size.
Las contracciones
de + el = del
a + el = al

Del, I used to say de el all the time.

¿Vamos a el restaurante de el puerto?
No, quiero ir al restaurante del puerto.
wrong
right

el gran desafío

the big challenge

Complete con bastante, demasiado, mucho, poco y menos, más

Use the gender and plural rule that you have just learned.
I can do that!

No tenemos.................... cubiertos.
We don't have enough silverware.

Hay .... copas de vino.
There are too many glasses of wine.

La sopa está................... caliente.
The soup is hot enough.

El salmón tiene................ espinas.
The salmon has a lot of bones.

¿Tienes .... de mostaza?
Do you have a little more mustard, please?

Quieren .... agua.
They want a little bit of water.

Como ....que antes.
I eat much less than before.

Pagamos ....
We are paying too much.

Es ....
It is enough.

No salimos ....
We don't go out much.

demasiados cubiertos, demasiadas copas, bastante caliente, muchas espinas, un poco más de mostaza, un poco de agua, mucho menos que antes, pagamos demasiado, es bastante, salimos mucho

Can you draw a line between the object and its measurement? Show me.
una cucharada de
dos rebanadas de
un pedazo de
un poco de
dos kilos de
un vaso de
una porción de
un litro de
una docena de
1
2
3
4
5
6
8
9
10

5. una cucharada de sopa, 6. dos rebanadas de pan, 9. un pedazo de queso, 8. un poco de manteca, 10. dos kilos de naranja, 4. un vaso de agua, 1. una porción de torta, 2. un litro de vino, 3. una docena de huevos

entre bastidores

behind the scenes

¿El menú? ¿A la carta? ¿Cómo funciona?
How does this work?
Es lo mismo, señor.
Entonces, ¿qué va a comer?
So, what are you having?
Perdóneme, camarero, pero está casi frío
it's almost cold!
Es así, señora. Este plato se sirve tibio.
This is it. That meal is served lukewarm.
¿Cómo? ¿Es así el suflé?
What! Is this the soufflé?
¡Hay un error!
There's a mistake!
Pero, ¿dónde está el queso?
But where is the cheese?
Bajo las papas fritas, señor.
under the fries
Camarero, por favor.
Waiter, please.
¡En la cuenta vemos cosas que no hemos pedido: salmón, helado y vino blanco!
On the check we see things we didn't have: salmon, ice cream, and white wine!
¿Están seguros?
Are you sure?
Muy bien, chicos. ¡Buena reacción en una situación donde se aprovechan de Uds.!
You reacted well in a situation where someone is taking advantage of you!
¡Ya veo! ¡Es una broma!
I see! It's a joke!
¡Sí, todos están involucrados en el truco!
Everyone was in on the trick!
Su actitud fue perfecta para la situación.
Your attitude adapted perfectly to the situation!
¡La dueña los invita!
The owner's buying!
¡Elijan lo que quieran!
Choose what you want!
¡Lo mismo pero con queso!
Same thing but with cheese!
Yo también, ¡pero caliente!
Me, too, but warm!
LUC NISSET.

Big Brother, Little Sister

in this episode

los miembros de la familia
family members

los adjetivos y pronombres posesivos

el verbo gustar
to like

las negaciones
ways to say "no"

las preposiciones y los adverbios

What a wonderful meal last night!

You coped very well with the surly waiter!

Ooh, I ate too much!

Yesterday we visited the Mendoza family. Today we'll meet the extended *familia Navarro*.

And with a big family, you'll need to know how to indicate *posesión*: what's mine, yours, his, and hers.

And if your family's anything like mine, it'll be helpful to know how to say "No" seven different ways!

reunión familiar

family reunion

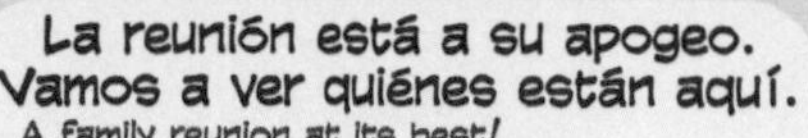

La reunión está a su apogeo. Vamos a ver quiénes están aquí.
A family reunion at its best! Let's see who's there.

Mi padre y mi madre.
My father and my mother.

Ellos son mi hijo y mi nuera con mis nietos.
Here's my son with my daughter-in-law and my grand-children.

Todos los niños de mis hermanos, mis sobrinos.
All my brother's and sister's kids, aka my nephews and nieces.

Ellos son mi hermano menor con su mujer y sus hijos.
This is my younger brother and his wife, with their children.

Mi cuñado y mis primos.
My brother-in-law and my cousins.

Los niños de los vecinos.
The neighbors' kids.

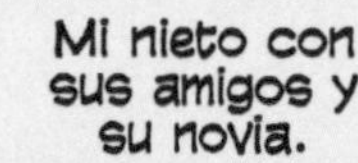

Mi nieto con sus amigos y su novia.
My grandson, with his friends and his girlfriend.

Mi sobrino y unos amigos suyos.
My nephew and some friends of his.

Mi segunda hija con su esposo y una amiga.
My second daughter with her husband and a friend.

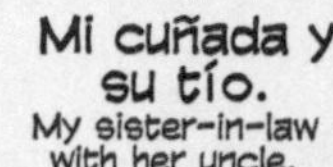

Mi cuñada y su tío.
My sister-in-law with her uncle.

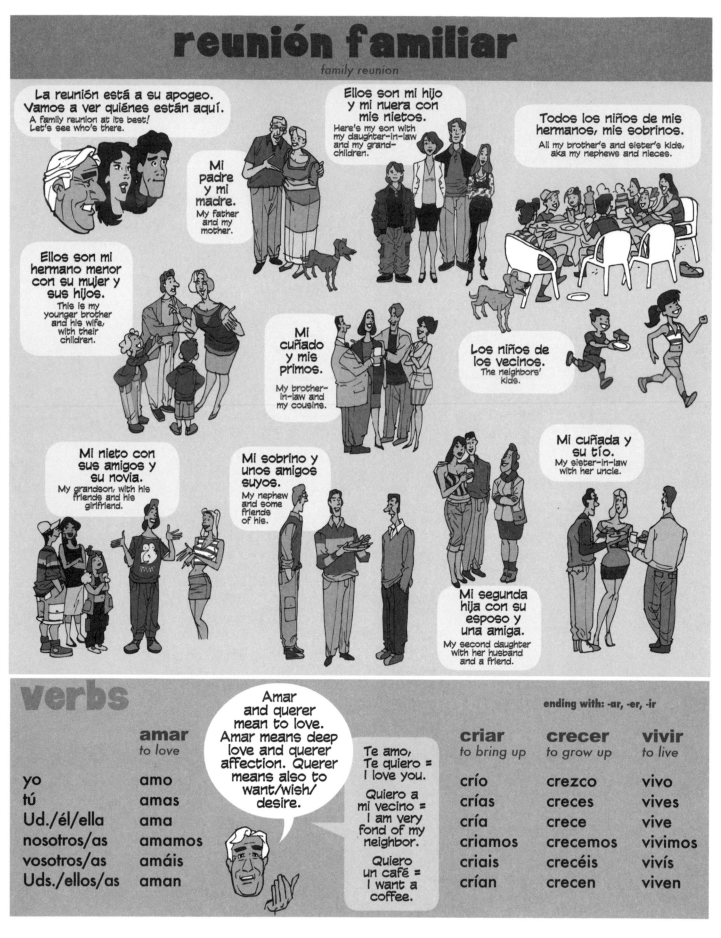

verbs

ending with: -ar, -er, -ir

	amar *to love*	criar *to bring up*	crecer *to grow up*	vivir *to live*
yo	amo	crío	crezco	vivo
tú	amas	crías	creces	vives
Ud./él/ella	ama	cría	crece	vive
nosotros/as	amamos	criamos	crecemos	vivimos
vosotros/as	amáis	criais	crecéis	vivís
Uds./ellos/as	aman	crían	crecen	viven

Amar and querer mean to love. Amar means deep love and querer affection. Querer means also to want/wish/ desire.
Te amo, Te quiero = I love you.
Quiero a mi vecino = I am very fond of my neighbor.
Quiero un café = I want a coffee.

los miembros de mi familia

the members of my family

Relaciones familiares Make the connection

Only the gender and number of the object count.
Subject
Éste es mi bolígrafo.
Éstas son mis llaves.
Ésta es mi flor.
Object
Objects

el padre
la madre
la hija
el hijo

su hijo
his
mi padre

su hija
his
mi padre

su hijo
her
mi madre

su hija
her
mi madre

su hijo
their son
mis padres

su hija
their daughter
mis padres

sus hijos
a ellos their children
sus hijos
a él
his children
nuestros padres
sus hijos
a ella
her children

los posesivos

los adjetivos posesivos

The possessive adjective agrees in gender and number with the noun (thing or person) that follows. It doesn't agree with the possessor.

		el perro	la maleta	los perros	las maletas
		masculine singular	*feminine singular*	*masculine plural*	*feminine plural*
yo	my	mi perro	mi maleta	mis perros	mis maletas
tú	your	tu	tu	tus	tus
Ud./él/ella	your/his/her	su	su	sus	sus
nosotros/as	our	nuestro	nuestra	nuestros	nuestras
vosotros/as	your	vuestro	vuestra	vuestros	vuestras
Uds./ellos/as	your/their	su	su	sus	sus

Since pronouns replace nouns, they are generally preceded by an article.

los pronombres posesivos

The pronoun agrees with the noun it replaces.

		el perro	la maleta	los perros	las maletas 
		object is masculine	*object is feminine*	*masculine plural*	*feminine plural*
yo	mine	el mío	la mía	los míos	las mías
tú	yours	el tuyo	la tuya	los tuyos	las tuyas
Ud./él/ella	yours/his/hers	el suyo	la suya	los suyos	las suyas
nosotros/as	ours	el nuestro	la nuestra	los nuestros	las nuestras
vosotros/as	yours	el vuestro	la vuestra	los vuestros	las vuestras
Uds./ellos/as	yours/theirs	el suyo	la suya	los suyos	las suyas

un pequeño ejercicio *a little exercise*

Q

¿Son nuestros sobrinos. Son los ......nuestros...... ours

Tú estás con tus primos. Yo estoy con los .... mine

Mi hermana tiene 20 años. ¿Cuántos años tiene la .... yours

¿Es tu bolso? Sí, es el .... mine

Sus hijos son los ganadores. Sí, son los .... hers

¿Son sus papeles? Si, son los .... his

me gusta

I like

un perro

varios perros

Me	gusta el perro	*I like the dog*
Te	gusta el perro	*You like the dog*
Le	gusta el perro	*You like the dog*
Le	gusta el perro	*He/She likes the dog*
Nos	gusta el perro	*We like the dog*
Os	gusta el perro	*You all like the dog*
Les	gusta el perro	*All of you like the dog*
Les	gusta el perro	*They like the dog*

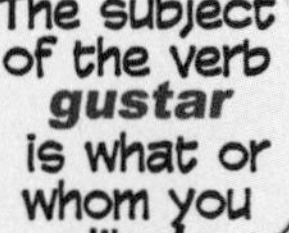
The subject of the verb **gustar** is what or whom you like!

Me	gustan los perros	*I like the dogs*
Te	gustan los perros	*You like the dogs*
Le	gustan los perros	*You like the dogs*
Le	gustan los perros	*He/She likes the dogs*
Nos	gustan los perros	*We like the dogs*
Os	gustan los perros	*You all like the dogs*
Les	gustan los perros	*All of you like the dogs*
Les	gustan los perros	*They like the dogs*

When Spanish speakers emphasize or clarify "who likes," they use:
a mí, a tí, a Usted

a mí,	+	**me**	gusta el . . .
a ti,		**te**	gustan los . . .
a Ud.,		**le**	gusta la . . .
a él/ella,		**le**	gustan las . . .
a nosotros,		**nos**	gusta el . . .
a vosotros,		**os**	gustan las . . .
a Uds,		**les**	gusta la . . .
a ellos/as,		**les**	gustan los . . .

A mí me gustan sus perros.
I like your dogs.

A mí hija, tambíen, le gustan mucho. A mí, me gusta más tener un gato.
I like a cat better.

Q

¿Papá, te gusta el gato? *Sí, me gusta mucho.*
Dad, do you like the cat?

¿Te gusta mi bolsa? *Sí,*
Do you like my purse?

¿A tus hijos les gusta el arroz? *Sí,*
Do your kids like rice?

¿A Ud. le gusta su trabajo? *Sí,*
Do you like your job?

¿A María, le gustan los gatos? *Sí,*
Does Mary like cats?

¿Y a mí, me gustan los perros? *Sí,*
And do I like dogs?

¿Qué perro te gusta?
A mí me gustan los dos.

afirmación y negación

saying yes, saying no

NO + verbo conjugado	NO + conjugated verb
Yo hablo español	*I speak Spanish*
Yo **no** hablo español	*I do not speak Spanish*
Tengo tiempo	*I have time*
Yo **no** tengo tiempo	*I do not have the time*
Tus padres son españoles	*Your parents are Spanish*
Tus padres **no** son españoles	*Your parents are not Spanish*
Hay chocolates	*There are chocolate candies*
No hay chocolates	*There are no chocolate candies*

Yo NO hablo español.

When a negative word can precede the verb, then "no" is not necessary.

yo **no** bebo nunca café
yo **nunca** bebo café

"I don't never drink coffee"
I never drink coffee

¿ Alguien vive en el Polo Sur?
Does anybody live at the South Pole?
No, no vive nadie en el Polo Sur
No, nadie vive en el Polo Sur
No, nobody lives at the South Pole

¿Te gusta algún cóctel?
Do you like any cocktail?
No, no me gusta ningun cóctel
No, ninguno me gusta
No, I don't like any (cocktail)

¿Siempre vas a la playa?
Do you always go to the beach?
No, no voy nunca
No, nunca voy
No, I never go

sí	yes
no	no
algo	something
nada	nothing
alguien	someone
nadie	nobody, no one
alguno/a/s	some, any
ninguno/a	none, not any
siempre	always
nunca/jamás	never
también	also
tampoco	not either
y	and
ni	neither . . . nor

la negacion x 7

seven ways to say "no"

las negaciones más usadas

the seven most common negations

no ... tampoco		
Yo no voy allí. ¿Vas tú?	No, yo no voy	*not ... either*
no ... más		
¿Continúas cantando?	No, yo .... canto..........	*no longer*
no ... jamás/nunca		
¿Te llama él a veces?	No, él .... me llama..........	*never*
no ... nada		
¿Ves algo?	No, yo .... veo	*nothing*
no ... a nadie		
¿Conoces a alguien?	No, yo .... conozco	*nobody*
no ... ningún/o/a		
¿Tu tienes alguna peseta?	No, ... tengo	*none/not any*
no ... ni ... ni		
¿Tienes hermanos y primos?	No, ... tengo .... hermanos .... primos	*neither ... nor*

Yo NO hablo MÁS.
Tú NO ves a NADIE alguien.
see
someone
Ella NO sonrie NUNCA a veces.
smiles
sometimes
Él NO tiene NINGÚN un perro.
Yo NO digo NADA algo.
say
something

adverbios y preposiciones útiles

useful prepositions and adverbs

el lugar: ¿donde?	el tiempo: ¿cuándo?	las cantidades: ¿cuánto?
a la derecha (de) *to the right (of)*	**ahora/ahora mismo** *now/right now*	**demasiado** *too much*
a la izquierda (de) *to the left (of)*	**luego** *then/later*	**mucho más/menos** *a lot more/less*
derecho/recto *straight ahead*	**antes (de)** *before*	**un poco** *a little*
en todos lados *everywhere*	**después (de)** *later*	**bastante** *enough/quite*
aquí, ahí, allí *here, there, over there*	**en seguida** *right away*	**ninguno** *none*
dentro (de) *inside (of)*	**ayer/anoche** *yesterday/last night*	**no del todo** *not at all*
fuera (de) *outside (of)*	**hoy** *today*	**más (que)** *more (than)*
cerca (de) *near (to)*	**mañana** *tomorrow*	**menos (que)** *less (than)*
lejos (de) *far (from)*	**a la mañana** *in the morning*	**tanto/os (como)** *as much/many (as)*
delante (de) *in front (of)*	**a la tarde** *in the afternoon/evening*	**otros**
detrás (de) *behind*	**a la noche** *at night*	**lo mismo** *the same*
encima (de) *on top (of)*	**a la madrugada** *at dawn/ early morning*	**aunque** *even if/although*
debajo (de) *under*	**al mediodía** *at noon*	**como** *as/like*
sobre • bajo *on top of • under*	**temprano • tarde** *early/late*	**a menos que** *unless*
entre *between/among*	**en punto** *on time/o'clock*	**en caso que** *in case*
al lado (de) *beside*	**siempre** *always*	**todavía/todavía no** *still, yet/not yet*
enfrente (de) *across (from)/opposite (from)*	**a menudo** *often*	**aún/aún no** *still, yet/not yet*
arriba • abajo *upstairs • downstairs*	**a veces** *sometimes*	**ya/ya no** *already/no longer*
al fondo (de) *at the bottom (of)*	**nunca • jamás** *never*	**¡Ya está!** *That's it!*
contra *against*	**(tan) pronto (como)** *(as) soon (as)*	
en la esquina (de) *at the corner (of)*	**mientras (que)** *while*	

Beware of information overload! Don't try to learn these all at once!

un pequeño recreo

a short recess

Put the sentences in a negative form using **ser**, **estar**, and **tener**

Q

¿Está tu hermana embarazada? *pregnant*	no, *ella no está embarazada*
¿Son ellos gemelos? *twins*	no, …………………………………
¿Es tu primo?	no, …………………………………
¿Son tus hijos?	no, …………………………………
¿Está Ud. enfermo? sick	no, …………………………………
¿Es Patricia tu hermana?	no, …………………………………
¿Tienes hermanos?	no, …………………………………
¿Tiene ella un gato?	no, …………………………………
¿También eres europeo?	no, …………………………………
¿Están ustedes con alguien?	no, …………………………………
¿Tienes algo? *something*	no, …………………………………
¿Estás en casa a veces?	no, …………………………………

No, ella no está embarazada. / No, ellos no son gemelos. / No, no es mi primo. / No, no son mis hijos. / No, no estoy enfermo. / No, no es mi hermana. / No, no tengo hermanos. / No, no tiene ningún gato. / No, yo no soy europeo. / No, no estamos con nadie. / No, no tengo nada. / No, nunca estoy en casa.

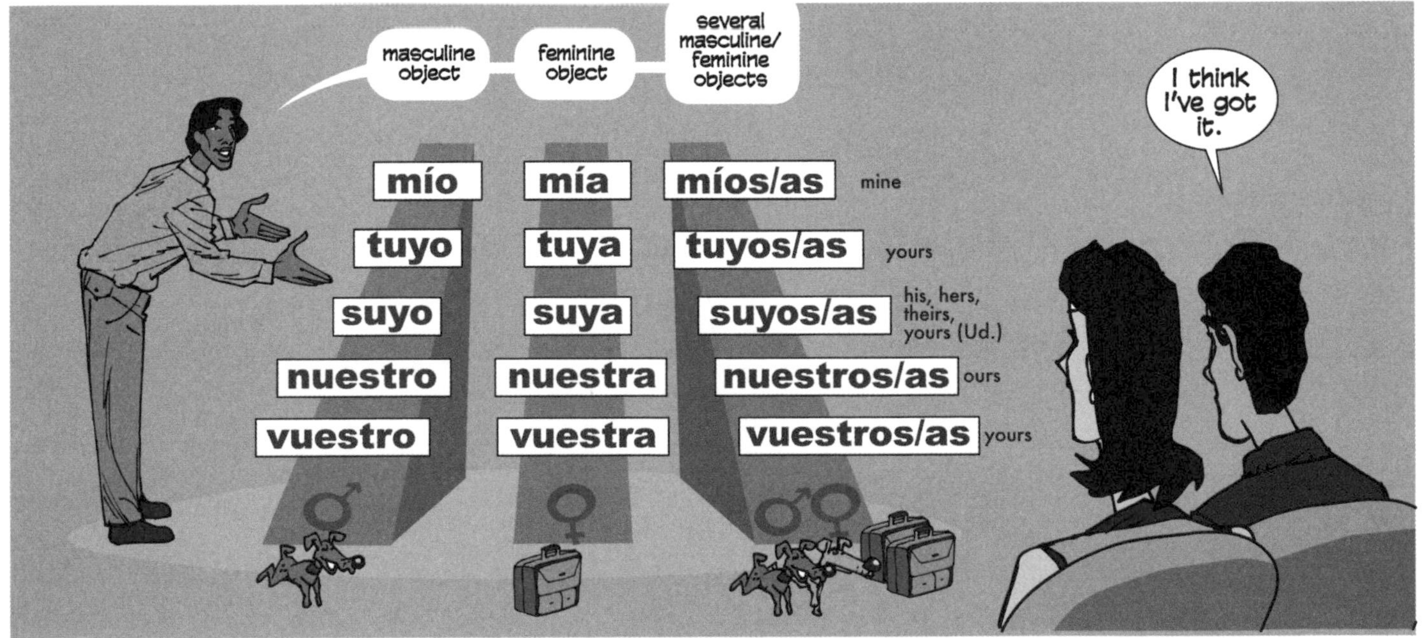
masculine object
feminine object
several masculine/feminine objects
mío
mía
míos/as
mine
tuyo
tuya
tuyos/as
yours
suyo
suya
suyos/as
his, hers, theirs, yours (Ud.)
nuestro
nuestra
nuestros/as
ours
vuestro
vuestra
vuestros/as
yours
I think I've got it.

MAKEOVER
informe de evolución # 4

antes	después
La amiga de mi	La amiga mía ....
Un hijo de su	Un hijo suyo ....
El mío padre	El mío ....
Se lava su pelo	Se lava el pelo ....
El María gato	El gato de María ....
Son sus maletas, son de sus	Son sus maletas, son de Ud. ....
Yo no quiero también	Yo no quiero tampoco ....
No hay algún problema	No hay ningún problema ....
La mía madre	Mi madre ....
Vamos nunca	No vamos nunca ....

Write the negative answer in the proper bubble. Q

¿Vas al cine a veces? ....

Luis no vive en Madrid. Y ¿tú? ....

¿Qué quieres comer? ....

¿A quién buscas? ....

¿Cuántos hermanos tienes? ....

¿Tienes migraña todavía? ....

NADA

TAMPOCO

A NADIE

JAMÁS

NO MÁS

NINGUNO

Jamás voy al cine./ No quiero nada de comer./ No tengo ninguno./ Yo no vivo tampoco en Madrid./ No busco a nadie./ No tengo más migraña.

el gran desafío

Kate and Todd, you've been invited to a party but are you prepared?

Hay una fiesta de cumpleaños en la casa de los Mendoza. ¡Mira ... regalo! present

mis
mi
mío

Yo no tengo ...... regalo para llevar. ¿Está mal? bad

ningún
ninguno
alguno

Sí, compra el ..... y vamos, ¿de acuerdo?

tuyos
tuyo
tuya

No tengo .... idea, ¿puedes ayudarme? can you help me?

nada
ninguno
ninguna

Hay una tienda .... de la casa. ¿Vamos?

Si, de acuerdo.

enfrente
derecha
dentro

find and circle the right word missing from the dialog bubbles

Answers: mi, ningún, tuyo, ninguna, enfrente

Help Todd by selecting the correct answers.

check the right square
Llegas en tiempo.
Llegas a tiempo.
Estás en tiempo.
No tengo mi coche, cogemos la suya.
No tengo mi coche, cogemos el suyo.
No tengo mi coche, cogemos el suyos.
Tus perros están dentro. El mío está fuera.
Tu perros están dentro. El mío perro está fuera.
Tus perros están dentro. Mío está fuera.
Answers:
Llegas a tiempo.
No tengo mi coche, cogemos el suyo.
Tus perros están dentro. El mío está fuera.

entre bastidores

interjecciones y expresiones usuales

¡No hay de que! You're welcome!
¡Caramba! Shoot!
Por favor. Please.
Me permite… Allow me . . .
Gracias. Thank you!
¡Qué pena! What a pity!
Por supuesto. Of course.
De nada. You're welcome.
¡Te lo digo! I'm telling you!
¡Es una locura! This is crazy!
¡Bien! Fine!
¡No, para nada! Not at all!
¡Está bien! It's OK!
¡Mala suerte! Too bad!
¡Vale! Here we go!
¡Basta! Stop!
¡Trato hecho! It's a deal!
¡Cuidado! Watch out!
¡Ay! Oh boy!
¡Vamos! Let's go!
¡Perdón! Excuse me!
¿Qué? What?
¿Como? What?
Es verdad. That's true.
¡Aguanta! Hang in there!
¡Salud! Bless you!
No puedo creerlo. I can't believe it.
¡Hasta luego! See you later!
¡Claro! Of course!
¡Para! Stop it!
¿Y qué? So what?
Lo siento. Sorry.
¿En serio? Really?
Estoy de acuerdo. I agree!
Con permiso. Allow me.

Extreme Makeover Housework Edition

We're about to reach the end of Week 1, and our learners, Kate and Todd, have been making great progress. They've got to know the Mendoza family socially —now it's time to learn and take part in their daily routines.

For that, the verb *hacer* will help describe the everyday things you do.

And, Kate and Todd, you'll also need reflexive verbs for things you do to yourself, like *lavarse* and *vestirse*.
to wash
to get dressed

And you'll also need vocabulary for *las habitaciones, los muebles,* and fittings around *la casa*.
rooms
furniture
the house

in this episode

en la casa

los muebles
furniture

el verbo hacer
to do, to make

hacer y el tiempo
the weather

los verbos pronominales
reflexive and reciprocal verbs

5

nos mudamos

we are moving

la mudanza

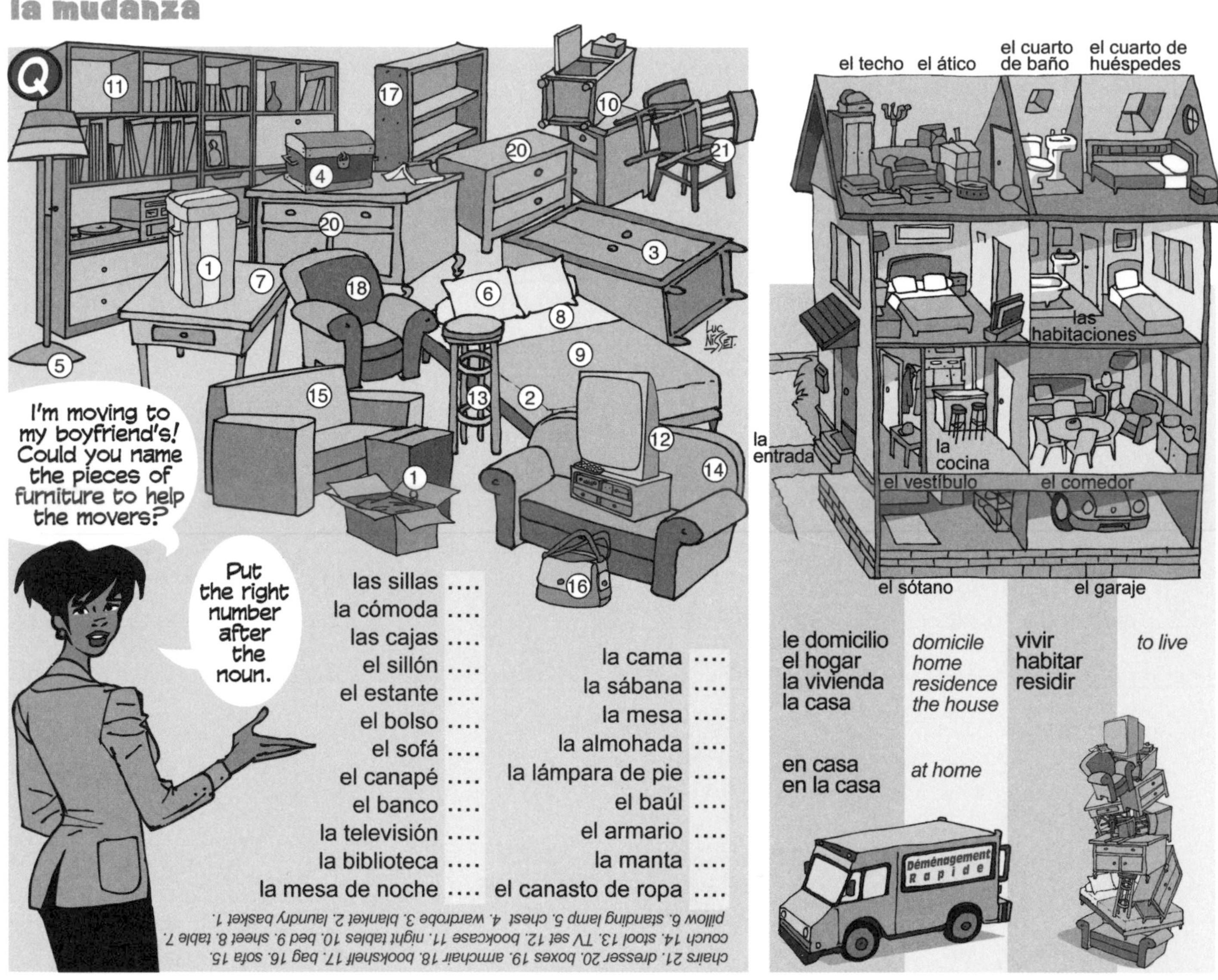

Q
I'm moving to my boyfriend's! Could you name the pieces of furniture to help the movers?
Put the right number after the noun.
LUC NISSET
el techo
el ático
el cuarto de baño
el cuarto de huéspedes
las habitaciones
la entrada
la cocina
el vestíbulo
el comedor
el sótano
el garaje
las sillas ....
la cómoda ....
las cajas ....
el sillón ....
el estante ....
el bolso ....
el sofá ....
el canapé ....
el banco ....
la televisión ....
la biblioteca ....
la mesa de noche ....
la cama ....
la sábana ....
la mesa ....
la almohada ....
la lámpara de pie ....
el baúl ....
el armario ....
la manta ....
el canasto de ropa ....
1. laundry basket 2. blanket 3. wardrobe 4. chest 5. standing lamp 6. pillow 7. table 8. sheet 9. bed 10. night tables 11. bookcase 12. TV set 13. stool 14. couch 15. sofa 16. bag 17. bookshelf 18. armchair 19. boxes 20. dresser 21. chairs
le domicilio — domicile
el hogar — home
la vivienda — residence
la casa — the house
vivir — to live
habitar
residir
en casa
en la casa — at home
Déménagement Rapide

verbs

ending with: -AR: a, as, a, amos, áis, an -ER: e, es, e, emos, éis, en -IR: e, es, e, imos, ís, en

	acordarse *to remember*	**parecerse** *to look like*	**sentirse** *to feel*
yo	me acuerdo	me parezco	me siento
tú	te acuerdas	te pareces	te sientes
él/ella	se acuerda	se parece	se siente
Usted	se acuerda	se parece	se siente
nosotros/nosotras	nos acordamos	nos parecemos	nos sentimos
vosotros/vosotras	os acordáis	os parecéis	os sentís
Ustedes	se acuerdan	se parecen	se sienten
ellos/ellas	se acuerdan	se parecen	se sienten

verbs

cosas a hacer

things to do

un verbo para hacer todo

a verb for everyday use

hacer
to do, to make

yo	hago
tú	haces
Ud.	hace
ella	hace
nos.	hacemos
vos.	hacéis
Uds.	hacen
ellos	hacen

verbs

Recuerden que la "h" es silenciosa como en "honor":
silent 'H'

HACER is one of the most used verbs in Spanish. It's the real "handy verb"!
que hacer ?
what to do?

It can be followed by another verb: HACER SENTIR *(to make feel)*, HACER ACORDAR *(to remind)*, or a noun: HACER DIETA *(to be on a diet)* HACER DINERO *(to make money)* an adverb: HACER BIEN *(to do well)* or an expression: HACER AL HORNO *(to bake)*, HACE QUE ESTUDIA *(he/she pretends to study)*

HACER followed by a verb usually *makes* that action happen. *Hacer hacer* means that somebody else will do it, as in "to have it done."

Q conjugate **hacer** with common expressions

hacer la cama	*to make the bed*
yo hago la cama	
hacer la limpieza	*to do the housework*
tú	
hacer la comida	*to do the cooking*
él	
hacer orden	*to organize*
ella	
hacer la colada	*to do the laundry*
Ud.	
hacer las compras	*to shop/purchase*
nosotros	
hacer ejercicio	*to work out*
vosotros	
hacer una siesta	*to take a nap*
ellos	
hacer un viaje	*to take a trip*
ellas	
hacer daño	*to hurt/harm*
Ustedes	
hacer caso	*to obey/pay attention*
yo	
hacer la cola	*to line up*
tú	
hacer huelga	*to be on strike*
él	
hacer el amor	*to make love*
ellos	

hacerlo bien

to do it right

Here are more verbs for everyday use

CUIDADO
be careful
It's interesting to note that with almost all of the verbs here, HACER isn't translated as "to do" or "to make."

hacer — *to do/make*

hacer una pregunta	*to ask a question*
hacer caso	*to obey/to pay attention*
hacer ruido	*to make noise*
hacerse el tonto	*to pretend to be a fool*
hacer hacer	*to have it done*
hacer una fiesta	*to throw a party*
hacer la paz	*to make peace*
deshacerse de	*to get rid of*
hacer daño/mal	*to harm/to damage*
hacer frente	*to cope/confront*
hacer efectivo	*to carry out*
hacer la comida	*to do the cooking*
hacer erupción	*to erupt/rush in*
hacer arreglos	*to carry out repairs*
hacer la valija	*to pack one's bag*
hacer dinero	*to make money*
hacer tiempo	*to make time*
hacer un error	*to make a mistake*
hacer una escena	*to make a scene*
hacer una obra	*to write a play*
hacer la tarea	*to do homework*
hacer cosquillas	*to tickle*
hacer dieta	*to diet*
rehacer	*to redo*
deshacer	*to undo*

Hace demasiado calor para estudiar.
The weather's too good to study!

¡Holgazán!
Lazybones!

hacer deporte

hacer deporte
to do sport
hacer ejercicios
to do excercices
hacer gimnasia
to do gymnastics/ to work out
hacer una caminata
to hike
hacer yoga
to do yoga
hacer natación
to swim
hacer pesas
to work out with weights

El tiempo que hace — *the weather "it does"*

Among its everyday functions, HACER is also used to describe the weather: in this case as an impersonal verb.

Hace sol.
It's sunny.
Hace calor.
It's hot.
Hace buen tiempo.
It's nice weather.
Hace mucho frío.
It's very cold.
¿Qué temperatura hace?
What is the temperature?
¡Qué buen tiempo hace!
What wonderful weather!
¡Hace viento!
It's a windy day!

tomar, sacar, dar, tirar

tomar — *to take*

tomar una aspirina	*to take an aspirin*
tomar partido	*to take sides*
tomar una ducha	*to take a shower*
tomar el tren	*to take the train*
tomar un examen	*to take a test*
tomar el café	*to have a coffee*
tomar frío	*to get cold*
tomar impulso	*to take a running start*
tomar vacaciones	*to take a vacation*
tomar precauciones	*to take precautions*
tomar un empleado	*to take on an employee*
tomar una decisión	*to make a decision*
tomar a la derecha	*to make a right (turn)*

¿Por qué no tomas una aspirina?
Why don't you take an aspirine?

¡Me da más dolor de cabeza tratar de acordarme donde la puse!
My headache is worse trying to remember where I put it!

sacar — *to take out/come out*

sacar	*to bring/come out*
sacar una foto	*to take a picture*
sacar la basura	*to take out the garbage*
sacar jugo de	*to get a lot from*
sacar un 10	*to get an A (grade)*
sacar la lengua	*to stick one's tongue out*
sacar beneficio	*to benefit*
sacar en claro	*to make sense of*
sacar a relucir	*to point out*
sacar dinero	*to withdraw money*
sacar a la venta	*to bring to market*
sacar punta	*to sharpen one's pencil*
sacar conclusiones	*to draw conclusions*
sacarse las lentes	*to take contacts out*
sacar de apuro	*to bail out/rescue*
sacarse una espina	*to take a thorn out*

¡Nos sacamos la lotería!
We won the lottery!

¡Es la primera vez que ganamos el primer premio!
It's the first time we've won it!

dar — *to give/hand/deliver*

dar las gracias	*to thank*
dar asco	*to sicken*
dar la noticia	*to break the news*
dar permiso	*to give permission*
dar una fiesta	*to throw/give a party*
dar dolor de cabeza	*to give a headache*
dar clases	*to teach*
dar una patada	*to kick*
darse prisa	*to hurry*

Abuela, ¿te doy una mano para salir?
Granny, need a hand?

¡Gracias por darte cuenta!
Thanks for noticing!

tirar — *to throw/shoot/pull*

tirar	*to shoot*
tirar la pelota	*to throw the ball*
tirar el dinero	*to waste money*
tirar del pelo	*to pull one's hair*
tirar un papel	*to drop/throw paper*
tirar a la basura	*to trash*
tirar una foto	*to take a photo*
tirar abajo	*to knock down*
tirar una bomba	*to drop a bomb*
tirar de la cadena	*to flush*
tirar los dados	*to roll the dice*
tirar la toalla	*to throw in the towel*
tirar al azul/rojo...	*to turn blue/red . . .*

los verbos pronominales

reflexive verbs

The action of a reflexive verb is going back to the doer. In Spanish, when taking care of yourself, you'll most likely be using **un verbo pronominal.** To conjugate these verbs, add between the subject and the verb the following pronouns: **me, te, se, nos, os, se.**

despertarse
to wake up

yo	**me** despierto
tú	**te** despiertas
él/ella	**se** despierta
Usted	**se** despierta
nosotros	**nos** despertamos
vosotros	**os** despertáis
Ustedes	**se** despiertan
ellos/as	**se** despiertan

In English you add a reflexive pronoun: myself, yourself, itself, herself, himself, ourselves, yourselves, themselves *after* the verb.
In Spanish you add the reflexive pronoun right *before* the verb.

1- subject
ella
2- subject/object
se
mira
3- verb
she
looks at
herself

dormirse	Tú te duermes	*You fall asleep*
levantarse	Él se levanta	*He gets up*
lavarse	Yo me lavo	*I wash up*
peinarse	Ella se cepilla el pelo	*She brushes her hair*
cepillarse	Yo me cepillo los dientes	*I brush my teeth*
vestirse	Él se viste	*He gets dressed*
afeitarse	Él se afeita	*He shaves (himself)*
acostarse	Ella se acuesta	*She goes to bed*
maquillarse	Ella se maquilla	*She puts on makeup*
perfumarse	Yo me pongo perfume	*I put on perfume*
mirarse	Él se mira	*He looks at himself*
aburrirse	Yo me aburro	*I get bored*

1- subject
él
2- subject/ object
se
peina
3- verb

con o sin pronombres

with or without pronouns

Compare the reflexive and non-reflexive forms of these verbs

poner

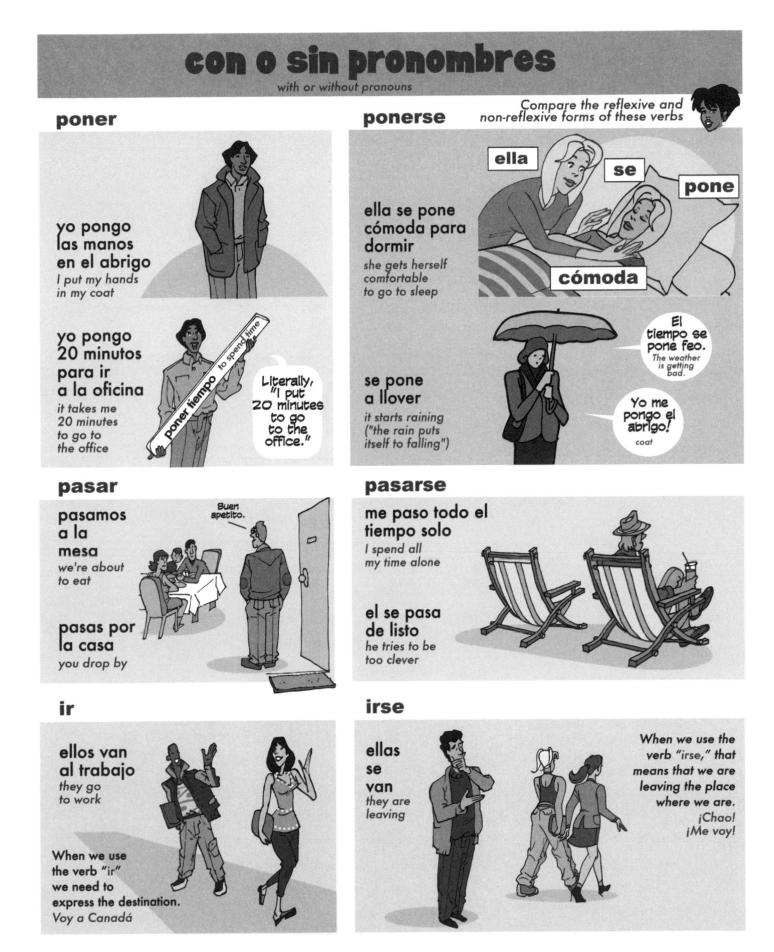

yo pongo las manos en el abrigo
I put my hands in my coat

poner tiempo
to spend time
Literally, "I put 20 minutes to go to the office."

yo pongo 20 minutos para ir a la oficina
it takes me 20 minutes to go to the office

ponerse

ella
se
pone
cómoda

ella se pone cómoda para dormir
she gets herself comfortable to go to sleep

El tiempo se pone feo.
The weather is getting bad.

Yo me pongo el abrigo!
coat

se pone a llover
it starts raining ("the rain puts itself to falling")

pasar

Buen apetito.

pasamos a la mesa
we're about to eat

pasas por la casa
you drop by

pasarse

me paso todo el tiempo solo
I spend all my time alone

el se pasa de listo
he tries to be too clever

ir

ellos van al trabajo
they go to work

When we use the verb "ir" we need to express the destination.
Voy a Canadá

irse

ellas se van
they are leaving

When we use the verb "irse," that means that we are leaving the place where we are.
¡Chao! ¡Me voy!

verbos pronominales y la negación

The negation of reflexive verbs works like normal negation: **no** comes before the pronoun.

¿Cómo te sientes, Todd?
Yo NO me siento bien.

En mi casa NO nos enfadamos nunca.
We (don't) get angry ever.
Entonces, está bien.
So, it's OK.

ella
Yo me pregunto si va a llover.
to rain
se
Me imagino que sí, mi querida.
No doubt about it, my darling
pregunta
she asks herself (she wonders)

Q Complete the sentences with no

Acordarse *(to remember)*

Yo *no* me acuerdo de tu hermana.

Acostumbrarse *(to get used to)*

Él .... se acostumbra a la situación.

Arreglarse *(to manage)*

Vosotros .... os arregláis solos.

Darse cuenta *(to realize)*

Yo .... me doy cuenta de nada.

Sentirse *(to feel)*

¿Uds .... se sienten bien?

Preocuparse *(to worry)*

Tú .... te preocupas.

Aburrirse *(to get bored)*

Nosotros .... nos aburrimos.

Quedarse *(to stay)*

Ellos .... se quedan en el hotel.

Tranquilizarse *(to calm down)*

Yo .... me tranquilizo fácilmente.

Yo ***no me*** presento, ya nos conocemos.

I ***don't*** introduce ***myself***, we already know ***each other***.

los verbos recíprocos

reciprocal verbs

Reciprocal verbs are another use of the pronominal verb. These verbs don't turn the action back to their doer. They engage the doer in a **reciprocal action** with somebody else (doing the same thing). So **nos, os, se** are equivalent to: **each other/one another.**

nosotros
nos
amamos

We love each other.

Ustedes
se
pelean
¡Dejen de pelearse como niños! Stop fighting like kids!
Ellos pelean *uno contra otro*, ellos *se* pelean o tambien pelean *entre sí*. It all means they fight each other.

nosotros nos peleamos *we fight (each other)*
vosotros os peleáis *you fight (each other)*
Uds. se pelean *you fight (each other)*
ellos se pelean mucho *they fight (each other) a lot*

more common reciprocal verbs

abrazarse	*to hug (each other)*
llamarse	*to call (each other)*
hablarse	*to talk (each other)*
ayudarse	*to help (each other)*
saludarse	*to greet (each other)*
juntarse	*to get together*
reunirse	*to gather*
encontrarse	*to meet (each other)*
llevarse	*to get along (each other)*
conocerse	*to know (each other)*

Erico y Guillermo se llaman por teléfono. Ellos se citan para las 2:00 de la tarde. Ellos se encuentran en un café para enfrentarse en un juego de mesa.

Eric and Gilles call each other. They arrange a rendezvous for 2:00 PM. And they meet at the café to confront each other at foosball!

ellos
se
desafían
challenge each other
ellos
se llevan muy bien
get along very well

MAKEOVER

informe de evolución # 5

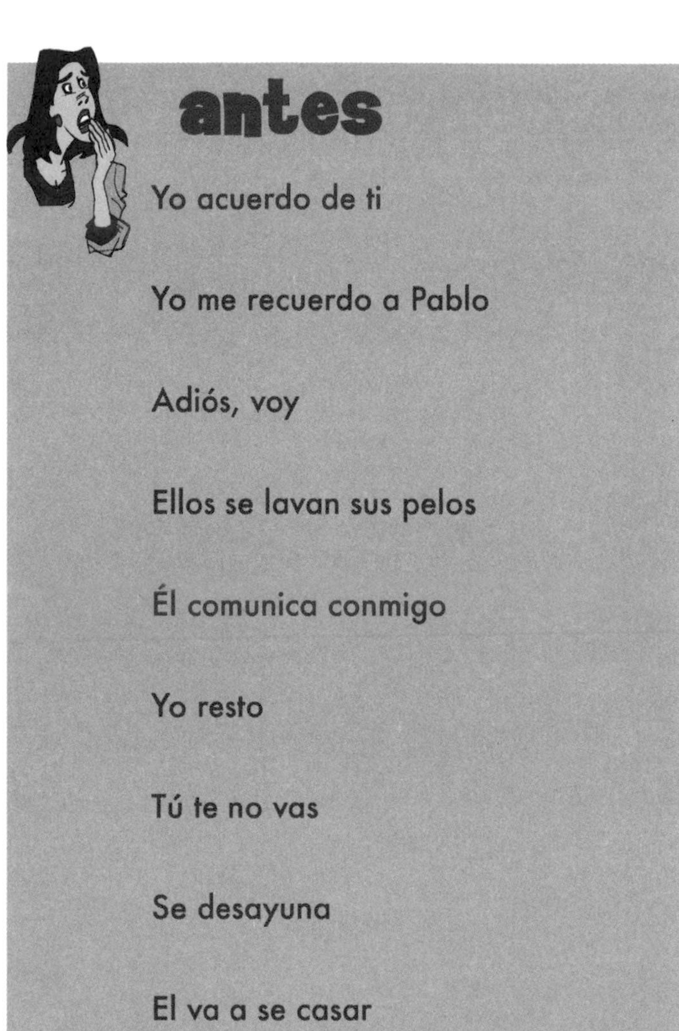

antes	después
Yo acuerdo de ti	Yo me acuerdo de ti
Yo me recuerdo a Pablo	Yo recuerdo a Pablo
Adiós, voy	Adiós, me voy
Ellos se lavan sus pelos	Ellos se lavan el pelo
Él comunica conmigo	Él se comunica conmigo
Yo resto	Yo descanso
Tú te no vas	Tú no te vas
Se desayuna	Desayuna
El va a se casar	El va a casarse

Connect the sentences.

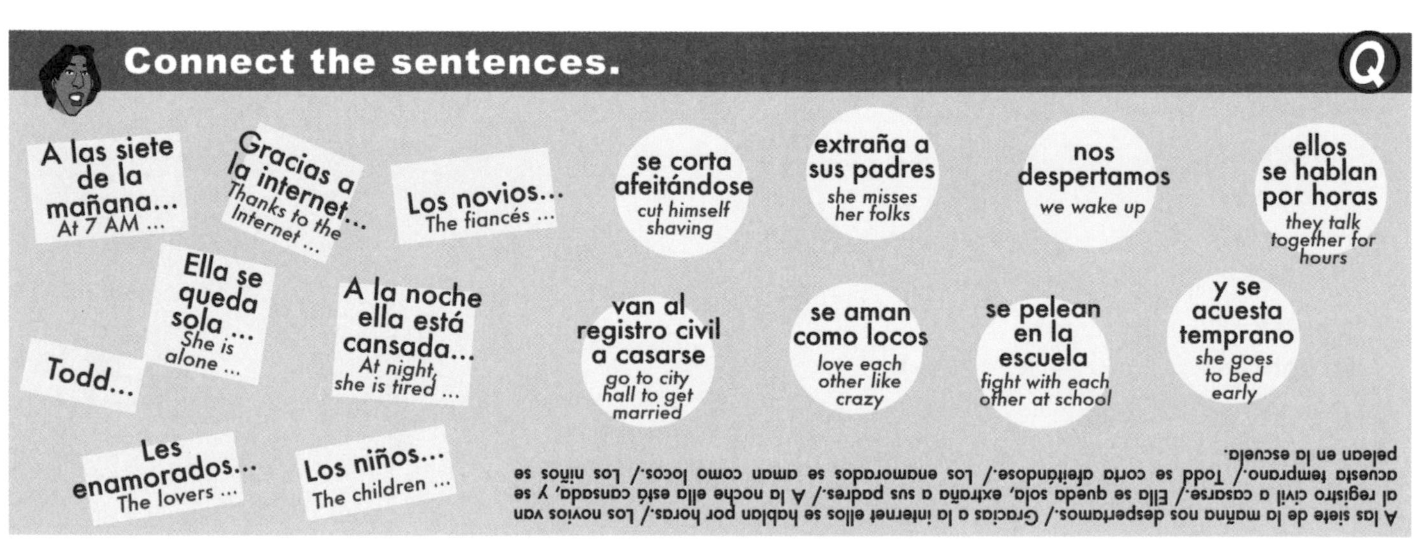
Q
A las siete de la mañana... At 7 AM ...
Gracias a la internet... Thanks to the Internet ...
Los novios... The fiancés ...
Ella se queda sola ... She is alone ...
Todd...
A la noche ella está cansada... At night, she is tired ...
Les enamorados... The lovers ...
Los niños... The children ...
se corta afeitándose cut himself shaving
extraña a sus padres she misses her folks
nos despertamos we wake up
ellos se hablan por horas they talk together for hours
van al registro civil a casarse go to city hall to get married
se aman como locos love each other like crazy
se pelean en la escuela fight with each other at school
y se acuesta temprano she goes to bed early
A las siete de la mañana nos despertamos./ Gracias a la internet ellos se hablan por horas./ Los novios van al registro civil a casarse./ Ella se queda sola, extraña a sus padres./ A la noche ella está cansada, y se acuesta temprano./ Todd se corta afeitándose./ Los enamorados se aman como locos./ Los niños se pelean en la escuela.

Q el gran desafío

Todd, can you help Anna with moving?

La compañía de mudanza llega a las dos. Si tú quieres tú puedes ...... la vajilla en las cajas. crockery boxes

¿Y quién .... las plantas? plants

¡Yo! Yo nunca ... separo de mis plantas.

Bueno, ¿ ..... yo de servimos algo para beber?

Yo .... que el refrigerador fridge está roto, no hay más hielo.

find and circle the right word missing from the dialog bubbles

- poner / ponerse / sacar
- tira / toma / hace
- te / me / nos
- me ocupo / te ocupas / se ocupa
- me siento / me acuerdo / me llamo

Answers: poner, toma, me, me ocupo, me acuerdo

Help Kate by selecting the correct sentences.

check the right square
Yo te arreglo en español.
Yo me arreglo en español.
Yo me arreglo el español.
Todd y yo nos peleo a veces, pero no es nada.
Todd y yo nos pelea a veces, pero no es nada.
Todd y yo nos peleamos a veces, pero no es nada.
Cuando es calor, me gusta dormir la siesta.
Cuando hago calor, me gusta dormir la siesta.
Cuando hace calor, me gusta dormir la siesta.
Answers:
Yo me arreglo en español.
Todd y yo nos peleamos a veces, pero no es nada.
Cuando hace calor, me gusta dormir la siesta.

entre bastidores

Anna y Marcos se encuentran en una fiesta familiar, en la casa de César.
Hola, yo me llamo Anna.
Hola, Anna. Soy Marcos. ¿Qué tal?

Se llevan bien inmediatamente.
¿Podemos vernos otra vez?
Can we meet again?
De acuerdo. Nos llamamos mañana.

Pronto ellos se extrañan mucho.
they're missing each other
Anna, yo me divierto mucho contigo.
Yo también, Marcos. Tú siempre me haces reír.

Ellos hacen muchas cosas juntos.
¡Te adoro!
Me siento muy bien con-tigo!
I feel so good with you!

Un día Marcos se tira al agua.
Podemos mudarnos juntos.
We can live together.
¡Me hace muy feliz esa idea!

Anna y Marcos deciden compartir sus vidas y mudarse para vivir juntos.
Nosostros nos mudamos la semana próxima.
Lo hace-mos.

Pero algo pasa en su relación. Anna y Marcos se pelean. Ellos no se ven más.
they have a fight, they stop seing each other.
Lo siento.
¡Vete al diablo!
Go to hell!

Anna, ¿no te mudas con tu novio?
Me equivoque con Marcos. Él se acobardó a último momento.
he freaked out

Anna y Marcos se separan y no se ven nunca más.
¿Qué pasa con Marcos? Vosotros ¿os habéis separado?
split up?
Nos enojamos.
We're mad at each other.
No nos vemos más.

Is the Price Right?

Well done! You completed your first week at Makeover!

¡Es divertido!
It's fun!

It's tough, but I'm making progress!

Let's start Week 2 about town! No one comes to Spain, especially Madrid, without plans to *hacer las compras!*
to shop/purchase

But can you find exactly what you want, and at *a buen precio* ?
good price

You'll need to know *los colores,* plus other adjectives to express your preferences.
the colors

My preference is to sit out today's lesson. I hate shopping!

in this episode

las tiendas
shopping

los adjetivos calificativos
adjectives

el lugar de los adjetivos
location of adjectives

colores, días de la semana, meses del año
colors, days of the week, months of the year

los adjetivos demostrativos y pronombres
demonstratives

6

mirando vitrinas

window-shopping

las pequeñas tiendas del barrio
small local boutiques

GALERIA

las grandes tiendas

la boutique

las boutiques de lujo

LA TIENDA DEL BARRIO
abierto

¡Adoro ir de compras, mirar vitrinas y comparar precios!
I love to go shopping around, window-shopping and compare prices!

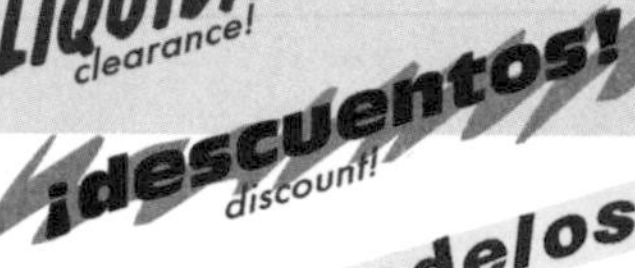

¡LIQUIDAMOS!
clearance!
¡descuentos!
discount!

¡nuevos modelos!
new models!

¡Liquidación!
clearance!
¡Últimos Días!
last days!
¡gangas!
bargains!

¡NUEVA COLECCIÓN!
new collection!

¡Grandes Saldos!
great deals!

FIN de TEMPORADA
end of the season!
¡LIQUIDACIÓN TOTAL!
everything must go!

¡novedades!
all new items!

¡EN LIQUIDACIÓN!
on sale!

verbs ending with: -ar, -er, -ir

	comprar *to buy*	**vender** *to sell*	**vestir** *to wear/dress*
yo	compro	vendo	visto
tú	compras	vendes	vistes
él/ella	compra	vende	viste
Usted	compra	vende	viste
nosotros/nosotras	compramos	vendemos	vestimos
vosotros/vosotras	compráis	vendéis	vestís
Ustedes	compran	venden	visten
ellos/ellas	compran	venden	visten

vamos de compras

let's go shopping

DiFERENTES TiPOS de VENDEDORES:

different types of salespeople

adorable
very nice
atento
attentive
reservado/a
reserved
cálido/a
warm
competente
competent
flexible
flexible
delicado/a
careful
diplomático/a
subtle, cool
discreto/a
discreet
franco/a
sincere
honesto/a
honest
motivado/a
committed
positivo/a
positive
cortés
polite
divertido/a
funny
simpático/a
nice
trabajador/a
hardworking
complaciente
easygoing
rápido/a
quick

enervante
upsetting
descuidado/a
careless
charlatán/a
talkative
distante
cold, distant
incompetente
incompetent
autoritario/a
bossy
vulgar
raw
rígido/a
stiff, rigid
ruidoso/a
loud
mentiroso/a
liar, fibber
tramposo/a
cheater, dishonest
desencantado/a
disenchanted
crítico/a
negative
grosero/a
rude
malhumorado/a
moody, grim
odioso/a
despicable
perezoso/a
lazy
pegajoso/a
clingy
desagradable
unpleasant

No tenemos nada de su talla.
We don't have anything in your size.
¡Lleve también el azul, le hace lucir más joven!
Take the blue as well, it makes you look younger!
¡No cortes, me saco a un cliente de encima y regreso!
Hold on, I'll get rid of a customer and I'll be back!
¡Hemos cerrado!
We're closed!
¡No se quede ahí, estorba el paso!
Don't stay there, you're in the way.
¡Pero por supuesto! ¡Sí, Ud. tiene razón!
But of course, yes, you're right!
Están haciendo esperar a los clientes.
You're making customers wait.
¡No cuesta nada ser amable, y adoro hacer reír a los clientes!
It doesn't hurt to be nice, and I love to make the customers laugh!
Sus zapatos no combinan con nuestros modelos.
Your shoes don't match our models at all.
¡Aún tengo 47 modelos en depósito!
I still have 47 items in stock!
Si quitas a los clientes, yo tengo un trabajo soñado.
Take away the customers, and it's a dream job.

todos los colores

all the colors

rojo
carmesí
bermellón
escarlata
granate
carmín
amaranto
rojizo
colorado
tinto

azul
celeste/cerúleo
azul marino
cian/índigo
turquesa
añil/azulado
azul de Prusia

verde
verde lima
oliva/cazador
esmeralda
jade

amarillo
limón
dorado
ámbar
amarillento

rosado
fucsia
morado
salmón

marrón
kaki
ocre
pardo
castaño
siena
borgoña

violeta
lavanda
lila
púrpura

naranja
coral/beige
albaricoque

negro
moreno
negruzco

gris
gris ratón
grisáceo

blanco
lino/nieve
hueso/marfil
blancuzco

vívido	*vivid*
pálido	*pale*
claro	*light*
oscuro	*dark*
colorido	*colorful*
lavado	*washed*
tono sobre tono	*tone on tone*
luminoso	*bright*
mate	*matt*
brillante	*shiny*
tono	*hue*
matiz	*nuance*
multicolor	*multicolored*
paleta	*palette*

Me pregunto si este traje sastre no está un poco fuera de moda.
I wonder if this suit isn't a little outdated.
400€
¡No es muy moderno, pero el clásico va bien con tu estilo! ¡Yo soy más una chica de vaqueros y de camisetas!
It's not really trendy, but classic is your style! I'm more of a jeans and tank top girl!

Anna, creo que esta chaqueta no va mal con esta camisa, ¿qué crees?
I think this jacket doesn't look bad with this shirt, what about you?

los vestidos
la blusa
el top
la camiseta
el pijama
la falda, la minifalda

¡Me fascinan los rojos, tienen clase!
I love the red ones, they're so classy!
Es verdad, pero yo quiero algo que esté de última moda.
It's true, but I want something very fashionable.
Este modelo se vende mucho en estos momentos.
These days we sell a lot of this model!

costar *to cost*

¿Cuánto cuesta? *How much does it cost?*

¿Cuánto es? *How much is it?*

Los zapatos cuestan $50. *The shoes cost $50.*

el sombrero
la gorra
el pantalón
los zapatos
el cinturón

los calcetines, las medias
el abrigo, el sobretodo

los adjetivos calificativos

Adjectives describe and give more information about the noun. They agree in number with the noun. Normally they also agree in gender.

The Spanish very often use adjectives as a noun:
el jóven, los pobres, la vieja, las gordas. . .
We do that also with the colors:
la rosa, el verde, un azul marino. . .
¡Me gusta el rojo de mi falda!
I love the red color of my skirt!
Sometimes the color replaces the noun it was assigned to:
Te compro las rosas.
I buy you the roses, "I buy you the pinks"
Bebemos un tinto con la carne.
We drink a red (wine) with the meat.
Como una naranja.
I eat an orange.
Necesitamos un poco de verde.
We need to get some rest in the (green) country.

el masculino y feminino del adjetivo

adjectives ending in -o
just change to -a: **alto/alta**
nationalities ending in consonant
just add -a: **alemán/alemana**
adjectives ending in -r or -n
just add -a: **dictador/dictadora**
others ending in a consonant
remain the same: **fácil/fácil**
adjectives ending in -e
remain the same: **grande/grande**
adjectives ending in -ista
remain the same: **elitista/elitista**

some adjectives remain invariable in gender

some colors: **naranja, azul, verde, violeta, marrón, púrpura**
others: **ideal, dulce, amable, extravagante**

some colors have both feminine and masculine form

rojo/roja, amarillo/amarilla, negro/negra, blanco/blanca

some numbers have a feminine and masculine form

uno/una, doscientos/doscientas, quinientos/quinientas

some adjectives drop the "o" before a noun

bueno/buen, malo/mal, primero/primer, tercero/tercer

el plural del adjetivo

adjectives ending with a vowel, just add **"s"**
grande, grandes, gordo, gordos
adjectives ending with a consonant, just add **"es"**
hábil, hábiles, débil, débiles
adjectives ending in **–z***, just change to* **"ces"**
feliz/felices
some adjectives lose their accent
francés/franceses, cortés/corteses

¿dónde van los adjetivos?

where do adjectives go?

Most Spanish adjectives follow the noun

Adjectives that express quantity or number usually come before the noun:

➳ dos días, algunas noches (some nights), tercer milenio (third millenium), algunos estudiantes

Adjectives that describe nouns generally come after the noun, like nationality, colors, shape:

➳ un hombre mejicano, la actriz peruana, los ojos celestes, la mesa redonda, una niña chilena, la tabla cuadrada (square plank/board), el pelo castaño (chestnut-colored haired)

Most other adjectives precede or follow the noun. When the adjective comes first, it generally gives a poetic nuance to the sentence.

➳ profundos ojos/ojos profundos (deep eyes)
cálida brisa/brisa cálida (warm breeze)
una buena mujer/una mujer buena

No se preocupe, vamos a encontrar su talla.
Don't worry, we'll find your size!

una vendedora alentadora
an encouraging clerk

Some adjectives change their meaning depending on whether they precede or follow the noun.

una gran persona
a great person
una persona grande *big*

el antiguo coche
the former car
el coche antiguo *ancient*

tu nuevo ordenador
your new computer
tu ordenador nuevo *brand-new*

la vieja amiga
the long-time girlfriend
la amiga vieja *old person*

I get that!

el pobre niño
the poor kid (inspiring pity)
el niño pobre *poor*

shortcut alert !

es un lugar bello (nice place) = ¡Qué bello!
es un deporte violento = ¡Qué violento!
una historia complicada = ¡Qué complicado!
un camino largo (large path) = ¡Qué largo!

When you are not sure where to place an adjective, replace the noun with "que" or just avoid using the noun:

tú eres un hombre guapo = tú eres guapo (handsome)
ella es una mujer hermosa = ella es hermosa (pretty)
él es un inventor genial = él es genial
es un apartamento nuevo = es nuevo

¿qué día es hoy?

what day is today?

¿Qué día es hoy? ¿A qué día estamos?
What day is today? What day "are we"?
¡Estamos a jueves! ¡Los saldos comienzan hoy!
"We are" Thursday. The Big Sale starts today!
·mai·

For dates we use this order: day—month—year. For the first day of the month we say **primero**, first. With the other days of the month we use the cardinal number: dos, tres, cuatro, etc.

"On" before a day of the week is expressed by **el**.
Yo voy **el** martes.

¿Qué fecha es hoy? ¿A cuánto estamos?
What date is today?
Es el primero de mayo. Mañana será will be el dos de mayo.

los días de la semana	*the days of the week*
lunes	*Monday*
martes	*Tuesday*
miércoles	*Wednesday*
jueves	*Thursday*
viernes	*Friday*
sábado	*Saturday*
domingo	*Sunday*

los meses del año	*the months of the year*
enero	*January*
febrero	*February*
marzo	*March*
abril	*April*
mayo	*May*
junio	*June*
julio	*July*
agosto	*August*
septiembre	*September*
octubre	*October*
noviembre	*November*
diciembre	*December*

ayer hoy mañana	*yesterday* *today* *tomorrow*
anteayer un día antes	*the day before yesterday* *a day before*
ese día ese mismo día	*today* *this very same day*
el próximo día pasado mañana	*the next day* *the day after tomorrow*
la víspera/ el día anterior	*the day before* *the day before*
hoy/el mismo día	*today/the same day*
el día después/ el día siguiente	*the day after/* *the next day*
la semana pasada el mes pasado el año pasado	*last week* *last month* *last year*
la semana próxima el mes próximo el año que viene	*next week* *next month* *next year*

los demostrativos

demonstrative pronouns and adjectives

Demonstrative adjectives and pronouns are used for pointing out and showing things. As adjectives they are stuck to a noun, and as pronouns they replace nouns.

	masculine		feminine	
singular	**este/ese** this, that	**aquel** that over there	**esta/esa** this, that	**aquella** that over there
plural	**estos/esos** these, those	**aquellos** those over there	**estas/esas** this, that	**aquellas** those over there

- **este** abrigo es bonito
  this coat is nice
- **estos** zapatos son caros
  these shoes are expensive

Demonstrative adjectives come before the noun; they agree in gender and number with it.

	masculine		feminine	
singular	**éste/ése** this, that	**aquél** that over there	**ésta/ésa** this, that	**aquélla** that over there
plural	**éstos/ésos** these, those	**aquéllos** those over there	**éstas/ésas** this, that	**aquéllas** those over there

- me gusta **ese** vestido, pero **éste** es mi favorito
  I love that dress, but this one is my favorite
- **éste** es ideal para ti
  that one is so you

Demonstrative pronouns are the same but with an accent. They're perfect shortcuts to show, list, and group words or ideas.

neutral
esto/eso/aquello this, that, that over there

They can replace a sentence to avoid repetition ...

- compro **esto** para mi hija
  I'm buying this for my daughter
- **esto** seguramente le gustará
  she'll certainly like it

¡Shamir está pegado otra vez a su computadora!
... again, stuck to his computer!

Ella dice **eso** todo el tiempo!
She says that all the time!

Let's see the pronouns in action . . .

los demostrativos en acción

Ésa es la chica.
That's the girl.
¿Aquélla de allí?
That one, there?
¿La de esta mañana?
The one from this morning?
¿Qué están mirando, aquellas muchachas?
What are they looking at, those girls over there?

¿Fabián? No, ese idiota ya está ocupado.
Fabien? No, that moron is already taken!
¿Julián? ¡Él está con esa presumida de Salima!
Julien? He's with that show-off Salima!
¿Rico? ¡Ese muchacho es un perdedor!
Rico? That guy is a loser!
Éste, ése, todos aquellos chicos. ¡Qué dolor de cabeza!
This one, that one, all these boys. What a headache!
Colloquial

¡Es tu mamá al teléfono! ¡Ella dice de tomarlo muy suave con su tarjeta de crédito!
Your mom called. She says to go easy with her credit card!
¡Ella dice eso a cada rato!
She says that all the time!
¿Ves eso? ¡Este anuncio es demasiado!
See that? This ad is too much!
¡Sí, aquél, lo conozco!
Yeah, that one, I know it!
¿Qué tienda? ¿Ésta de aquí?
¡No, la otra, aquélla! ¡Allí!

¡No necesitamos comprar todo eso!
We didn't need to buy all that!
Ese vendedor dice que sí. Esta gente sabe.
The salesman said we had to. These people know their stuff.

informe de evolución # 6

antes	después
Un caro vestido	Un vestido caro
La dama primera	La primera dama
Un grande abrigo	Un gran abrigo (coat)
Un abrigo gran	Un abrigo grande
Un bueno traje	Un buen traje (suit)
¿Qué es este?	¿Qué es esto?
Tercero par de zapato	Tercer par de zapatos
Primero reloj	Primer reloj

Put the words in order to build a sentence. Q

es La simpática charlatana vendedora pero

....

verdes castaño ojos Shamir pelo y tiene

....

busca amarillos Kate vestidos

....

vendedor Es con guapo un una azul camisa

....

aquí son asistentes Los amables muy

....

La vendedora es simpática pero charlatana.
Shamir tiene ojos verdes y pelo castaño.
Kate busca vestidos amarillos.
Un guapo vendedor con una camisa azul.
Los asistentes son muy amables aquí.
The sales assistant is nice but talkative.
Shamir has green eyes and brown hair.
Kate is looking for a yellow dress.
He's a handsome salesman with a blue shirt.
The assistants are very kind here.

Q el gran desafío

the big challenge

Kate and Todd, are you really ready to shop till you drop?

¿Te gusta ...... bolso para mi madre?
bag

Pero ¿cuánto ......? Debe valer una fortuna.
to be worth

Es un muy ...... negocio. ¿Tienes tu tarjeta de crédito?
bargain

Prefiero gastar mis últimos ....

¿Yo lo puedo hacer envolver para regalo y pedir una .... para los impuestos?
to have it wrapped

¡Por supuesto! ¡Regresa a la tienda!

find and circle the right word missing from the dialog bubbles

esto
esta
este

estar
cuesta
ser

buen
bueno
bien

efectivo
dinero
pesos

billete
factura
recibo

Answers: este, cuesta, buen, pesos, factura

Help Kate by selecting the correct sentences.

check the right square
El es Jueves.
Esto es jueves.
Hoy es jueves.
Querer comprar ese bonito vestido.
Quiero compro esa bonita vestido.
Quiero comprar ese bonito vestido.
Esta falda es demasiado corta. Prefiero aquél.
Esta falda es demasiada corta. Prefiero aquéllo.
Esta falda es demasiado corta. Prefiero aquélla.
Answers:
Esta falda es demasiado corta. Prefiero aquélla.
Quiero comprar ese bonito vestido.
Hoy es jueves.

entre bastidores

Kate, ¡Mira ahí! ¡En el escaparate de esa tienda!
Look! in the window
¿Qué? ¿Dónde?

un verano de fiesta
¡Ah, ahí! Pero si es...
¡Es Todd!

¿En qué se ha metido ahora?
What kind of trouble did he get himself into this time?
Vamos, pasaremos por detrás.
We'll go in the back.

¡Todd, hace horas que te estamos buscando por todos lados!
Los encuentro a la salida en 10 minutos. Casi termino.

10 minutos mas tarde.
¡Ay, que emoción! ¡Ellos me propusieron modelar para una línea de ropa destinada a gente que le gusta divertirse!
to model for clothes targeting people who want to have fun!

Es un diseño muy alegre para olvidar las preocupaciones y divertirse.
to stop worrying and party!
Pero ¿por qué tú?
¡Ellos dicen que tengo el tipo para este trabajo!
the look for the job

¡Para agradecerme, me dieron la colección completa! ¡Genial!
To thank me they gave me the whole line!
El día que te pongas eso, avísame. ¡Ese día no salgo contigo!
The day you're wearing it, let me know. I won't go out with you!

The Spanish Apprentice

It's not all play here at Makeover: Kate and Todd, we have a job for you! We're going to put you *a trabajar*, to work for today—to give you a taste of life at *la oficina*, the office —Spanish style.

To report to your *jefe* on what you've done, you'll need to use the compound past tense.
boss

In a competitive environment, we'll show you how to use comparatives: you're *buenos*, you're *mejores*, no, *ustedes son los mejores!*
you're good, you're better, no, you're the best!

in this episode

el trabajo
work

saber y conocer
the verbs *to know* and *to know how*

el pretérito simple o indefinido
the preterite

el pretérito y la negación

los comparativos y superlativos
comparatives and superlatives

el trabajo

work

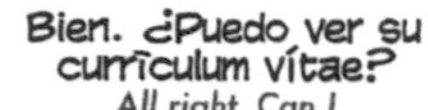

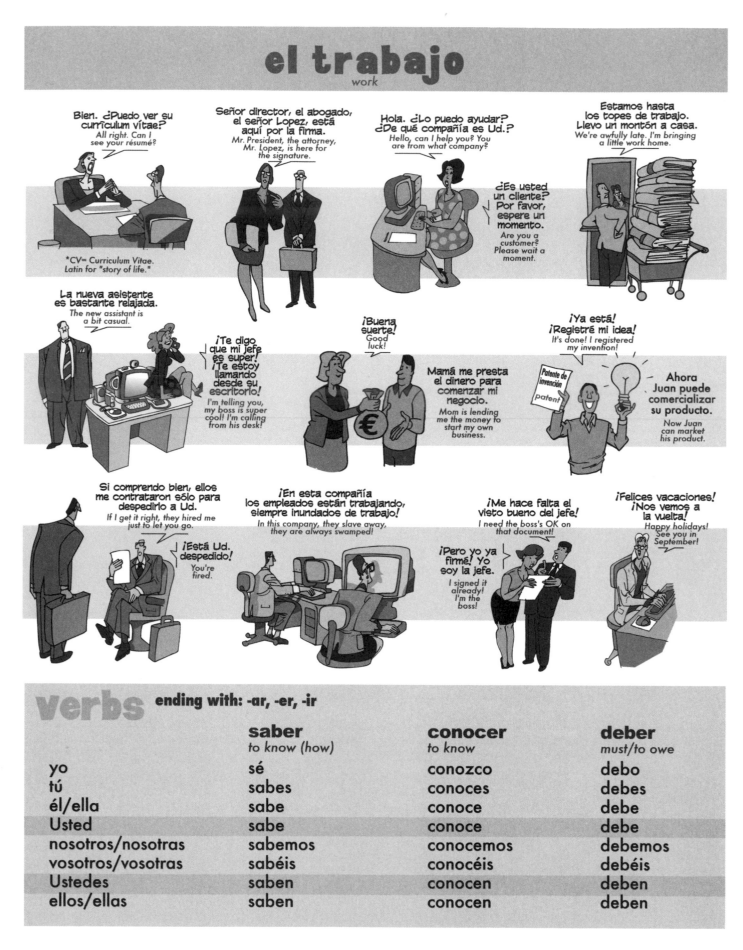

Bien. ¿Puedo ver su currículum vítae?
All right. Can I see your résumé?

*CV= Curriculum Vitae. Latin for "story of life."

Señor director, el abogado, el señor Lopez, está aquí por la firma.
Mr. President, the attorney, Mr. Lopez, is here for the signature.

Hola. ¿Lo puedo ayudar? ¿De qué compañía es Ud.?
Hello, can I help you? You are from what company?
¿Es usted un cliente? Por favor, espere un momento.
Are you a customer? Please wait a moment.

Estamos hasta los topes de trabajo. Llevo un montón a casa.
We're awfully late. I'm bringing a little work home.

La nueva asistente es bastante relajada.
The new assistant is a bit casual.
¡Te digo que mi jefe es super! ¡Te estoy llamando desde su escritorio!
I'm telling you, my boss is super cool! I'm calling from his desk!

¡Buena suerte!
Good luck!
Mamá me presta el dinero para comenzar mi negocio.
Mom is lending me the money to start my own business.

¡Ya está! ¡Registré mi idea!
It's done! I registered my invention!
Patente de invención
patent
Ahora Juan puede comercializar su producto.
Now Juan can market his product.

Si comprendo bien, ellos me contrataron sólo para despedirlo a Ud.
If I get it right, they hired me just to let you go.
¡Está Ud. despedido!
You're fired.

¡En esta compañía los empleados están trabajando, siempre inundados de trabajo!
In this company, they slave away, they are always swamped!

¡Me hace falta el visto bueno del jefe!
I need the boss's OK on that document!
¡Pero yo ya firmé! Yo soy la jefe.
I signed it already! I'm the boss!

¡Felices vacaciones! ¡Nos vemos a la vuelta!
Happy holidays! See you in September!

ending with: -ar, -er, -ir

	saber *to know (how)*	**conocer** *to know*	**deber** *must/to owe*
yo	sé	conozco	debo
tú	sabes	conoces	debes
él/ella	sabe	conoce	debe
Usted	sabe	conoce	debe
nosotros/nosotras	sabemos	conocemos	debemos
vosotros/vosotras	sabéis	conocéis	debéis
Ustedes	saben	conocen	deben
ellos/ellas	saben	conocen	deben

conocer y saber

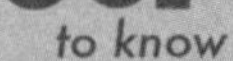

to know

Here's how to express **knowledge** and **ability** with two verbs that learners often confuse

conocer *means to know, to be familiar with people, things, places as a result of an experience, or knowledge*

- **tú conoces a tu colega** — *you know your colleague*
- **ella conoce su trabajo** — *she knows her job*

conocer *is also used with a name*

- **yo conozco Bogotá** — *I know Bogota*
- **yo conozco a Pablo** — *I know Paul*

Nos conocemos, ¿verdad?
We know each other, I think?
Sí, yo te reconozco.
Yes, I recognize you.

saber *is used when you know a fact or have an ability*

- **yo sé que él es competente** — *I know he's competent*
- **él sabe hablar español** — *he can speak Spanish*

saber *is mostly used with a verb, never with a name*

- **ella sabe delegar** — *she can delegate*
- **él sabe reparar** — *he can fix things*

¿Debemos poner siempre "a" delante del nombre de una persona?
Sí. Tú conoces a Pablo, y conoces a la secretaria. Pero: conoces Madrid.

Always put **a** *before a person: Yo saludo a Juan.*

¿conocer o saber?

¿Conoces a ese hombre? Tiene un aire extraño.
Do you know that man? He looks weird.
Lo sé.
I know.

Yo .... bien la empresa

(upside down:) Yo conozco bien la empresa. — I know the company well.

Ella .... manejar su presupuesto

(upside down:) Ella sabe manejar su presupuesto. — She can manage an account.

El repartidor .... la ciudad

(upside down:) El repartidor conoce la ciudad. — The delivery boy knows the city.

El guarda .... a todo el mundo

(upside down:) El guarda conoce a todo el mundo. — The attendant knows everybody.

Ella .... convencer al cliente

(upside down:) Ella sabe convencer al cliente. — She knows how to convince a client.

¿Usted .... dirigir un equipo?

(upside down:) ¿Usted sabe dirigir un equipo? — Can you lead a team?

Nosotros .... nuestras redes de ventas

(upside down:) Nosotros conocemos nuestras redes de ventas. — We know our sales networks.

el pretérito simple

the preterit

The present tense is used for what's happening now. For what happened in the past, the Spanish mostly use **el pretérito simple**, *the simple past tense, which refers to specific, completed actions*

the action was performed one time in the past

yo nací en Madrid

I was born in Madrid

actions that happened one after the other in the past

me levanté, desayuné y salí

I got up, had my breakfast, and went out

él se levantó y comió solo

he got up and ate alone

The preterite of regular vebs is always formed this way:

Root of the verb + simple past ending

	verbos -ar		verbos -er/-ir	
yo	am -é	*I loved*	com -í	*I ate*
tú	-aste		-iste	
él/ella	-ó		-ió	
Usted	-ó		-ió	
nosotros/as	-amos		-imos	
vosotros/as	-asteis		-isteis	
Ustedes	-aron		-ieron	
ellos/ellas	-aron		-ieron	

some irregular verbs

Please notice that ser and ir conjugate the same way!

There is/are: hay
There was/were: hubo

	andar *to walk*	**tener** *to have*	**poder** *can/to be able*	**poner** *to put*	**saber** *to know*	**hacer** *to do/make*
yo	anduve *I walked*	tuve *I had*	pude *I could*	puse *I put*	supe *I knew*	hice *I did*
tú	anduviste	tuviste	pudiste	pusiste	supiste	hiciste
ella	anduvo	tuvo	pudo	puso	supo	hizo
Ud.	anduvo	tuvo	pudo	puso	supo	hizo
nos.	anduvimos	tuvimos	pudimos	pusimos	supimos	hicimos
vos.	anduvisteis	tuvisteis	pudisteis	pusisteis	supisteis	hicisteis
Uds.	anduvieron	tuvieron	pudieron	pusieron	supieron	hicieron
ellos	anduvieron	tuvieron	pudieron	pusieron	supieron	hicieron

	estar *to be*	**ser, ir** *to be, to go*	**decir** *to say*	**traer** *to bring*	**querer** *to want*	**venir** *to come*
yo	estuve *I was*	fui *I was/I went*	dije *I said*	traje *I brought*	quise *I wanted*	vine *I came*
tú	estuviste	fuiste	dijiste	trajiste	quisiste	viniste
él	estuvo	fue	dijo	trajo	quiso	vino
Ud.	estuvo	fue	dijo	trajo	quiso	vino
nos.	estuvimos	fuimos	dijimos	trajimos	quisimos	vinimos
vos.	estuvisteis	fuisteis	dijisteis	trajisteis	quisisteis	vinisteis
Uds.	estuvieron	fueron	dijeron	trajeron	quisieron	vinieron
ellas	estuvieron	fueron	dijeron	trajeron	quisieron	vinieron

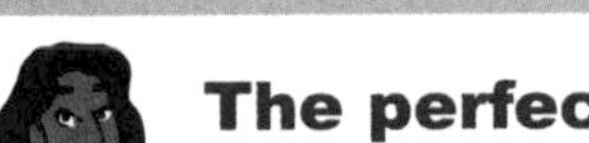

el pretérito compuesto o perfecto

compound past or present perfect

The perfect preterit *is used for actions started in the past, but with a strong connection to the present*

the action has taken place in an unfinished time:

➽ **yo he vivido aquí toda mi vida**
I have lived here all my life

a past action with results in the present:

➽ **yo me he casado dos veces**
I have been married two times

➽ **he trabajado mucho**
I have worked a lot

yo	he	escrito	mi correo
I	*have*	*written*	*my mail*

It works similarly in both languages!

The perfecto is a compound tense formed this way:

Auxiliary verb: **haber** *+ past participle* **+ root** **+–ado** *(–ar verbs)* **+–ido** *(–er , –ir verbs)*

he, has, ha, hemos, habéis, han

		trabajar *to work*	**deber** *must, to owe*	**recibir** *to receive*
yo	**he**	trabajado	debido	recibido
tú	**has**	trabajado	debido	recibido
él/ella	**ha**	trabajado	debido	recibido
Usted	**ha**	trabajado	debido	recibido
nosotras	**hemos**	trabajado	debido	recibido
vosotros	**habéis**	trabajado	debido	recibido
Ustedes	**han**	trabajado	debido	recibido
ellos/as	**han**	trabajado	debido	recibido

auxiliary **HABER** *to have*

1
yo **he**
tú **has**
ella **ha**
Usted **ha**
nosotros **hemos**
vosotras **habéis**
Ustedes **han**
ellos **han**

past participle of **ANY VERB**

2
pensado
bebido
amado
servido
caminado
comido
pagado
creído

Some past participles are irregular.

Here are some common ones.

abrir	abierto	*opened*
decir	dicho	*said*
escribir	escrito	*written*
hacer	hecho	*done*
morir	muerto	*died*
poner	puesto	*put*
ver	visto	*seen*
volver	vuelto	*returned*
romper	roto	*broken*

¿pretérito simple o compuesto?

preterit or present perfect

To choose between **preterit** *or* **present perfect**, *look at the word keys related to time and complete the examples:*

Pretérito simple	**Preterito perfecto o compuesto**
anteayer *the day before yesterday* Anteayer yo (visitar) .... a Pedro	
ayer *yesterday* Ayer tú (comprar) .... mucho.	**hoy** *today* Hoy tú (comprar) .... menos
anoche *last night* Anoche él (acostarse) .... a las 8:00	**esta noche** *this night* Esta noche él (acostarse) .... a las 8:00
el año pasado *last year* El año pasado Ud. (trabajar) .... aquí	**este año** *this year* Este año Ud. (trabajar) .... aquí
el mes pasado *last month* El mes pasado nosotros (ir) .... de viaje	**este mes** *this month* Este mes nosotros (ir) .... de vacaciones
la semana pasada *last week* La semana pasada él (venir) .... a casa	**esta semana** *this week* Esta semana ellos (venir) .... a casa
Answers: Anteayer yo visité a Pedro; Ayer tú compraste mucho; Anoche él se acostó a las 8:00; El año pasado Ud. trabajó aquí; El mes pasado nosotros fuimos de viaje; La semana pasada él vino a casa	Hoy tú has comprado menos; Esta noche él se ha acostado a las 8:00; Este año Ud. ha trabajado aquí; Este mes nosotros hemos ido de vacaciones; Esta semana ellos han venido a casa

¿hace cuánto tiempo?

hace = ago **desde/desde hace = since/for** **durante/por = for**

for an action completed some time *ago*, use **hace**

➤ **yo fui a ver la copa mundial hace 2 años**
I went to the World Cup 2 years ago

to express an action that you've been doing for some time, use **desde/desde hace**

➤ **yo no he nadado desde el verano pasado**
I haven't swum (since) last summer

➤ **yo no he nadado desde hace 2 años**
it's been 2 years since I last swam

to express the duration of an action, use **por** or **durante**

➤ **ellos miraron el partido por 10 minutos**
they watched the match for 10 minutes

➤ **ellos han hablado durante 2 horas**
they have talked for 2 hours (during a period of time)

la interrogación y la negación

the negative and interrogative forms of the preterit/present perfect

NO always comes before the verb or the auxiliary verb.
Here the auxiliary verb is **HABER: he, has, ha, hemos, habéis, han**

1-negative

Yo no trabajé ayer.
Ellos no se fueron.
Ella no tuvo miedo.
Nosotros no hemos llamado.
Tú, ¿no has terminado?
Yo no he almorzado aún.

I didn't work yesterday.
They did not go.
She wasn't scared.
We have not called.
You haven't finished?
I have not eaten yet.

Yo he ido a trabajar.
I went to work.
Yo NO he ido a trabajar.
I didn't go to work.

2-interrogative

¿Has hablado? (¿Hablaste?)
¿Han trabajado? (¿Trabajaron?)
¿Ha llamado Usted? (¿Llamó Ud.?)

Have you spoken? = Did you speak?
Have they worked? = Did they work?
Have we called? = Did you call?

Mi jefe ¿me ha llamado?
Did my boss call me?
Tu jefe NO te ha llamado.
Your boss hasn't called you.

For the negative question form, just use the negative sentence as a question!

¿No es el lunes cuando tú arreglas el escritorio?
Isn't it on Mondays that you clean up your desk?

los comparativos

the comparatives

Use the comparative form to compare people or things

to express superiority: más ... que
more . . . than

él	es	**más**	testarudo (adjective/adverb)	**que**	su	madre
he	*is*	***more***	*stubborn*	***than***	*his*	*mom*

ella	tiene	**más**	trabajo (noun)	**que**	antes
she	*has*	***more***	*work*	***than***	*before*

Yo NO soy más fuerte que tú.
I'm (not) stronger than you.
Es cierto.

Él NO es tan divertido como tú.
He's (not) as funny as you.
Muy amable.

to express equality: tan/tanto/a/s ... que
as much/as many . . . as

yo	soy	**tan**	productivo (adjective/ adverb)	**como**	tú
I	*am*	***as***	*productive*	***as***	*you are*

ella	tiene	**tanto** / **tantos**	trabajo / clientes	**como**	yo
she	*has*	***as much*** / ***as many***	*work* / *clients*	***as***	*I have*

to express inferiority: menos ... que
less . . . than

él	es	**menos**	alto (adjective/adverb)	**que**	su	hijo
he	*is*	***less***	*tall*	***than***	*his*	*son*

él	tiene	**menos**	dinero (noun)	**que**	ella
he	*has*	***less***	*money*	***than***	*she has*

Tú NO eres menos talentoso que yo.
You're (not) less gifted than me.
¡Gracias!

to express a superlative *the highest or lowest degree*

just add **el/la/los/las**

El es **el más** cómico.
Tú eres **la más** inteligente.
Él es **el menos** productivo.
Estos son **los más** caros y **los menos** fríos de todos.

irregular superlatives

~~(más)~~ **grande:**	**mayor**	*bigger/older*
~~(más)~~ **pequeño:**	**menor**	*smaller/younger*
~~(más)~~ **bueno:**	**mejor**	*better/best*
~~(más)~~ **malo:**	**peor**	*worse/worst*

el mayor *the biggest/oldest*
el menor *the smallest/youngest*
el mejor *the best*
el peor *the worst*

adverbs add **el/la/los/las**

poco = menos:	**el menos**	*the least*
mucho = más:	**el más**	*the most*
bien = mejor:	**el mejor**	*the best*
mal = peor:	**el peor**	*the worst*

una empresa como las otras

a company like any other

Un poco de vocabulario sobre el funcionamiento de una empresa.
La gerencia CEO Me pregunto por qué mi compañía company no es competitiva en el mercado internacional. international market
La secretaria del gerente Con la puntualidad punctuality de sus colaboradores, usted tiene la respuesta. you've got the answer
El jefe de contabilidad CFO ¡Hay menos ganancia que el año pasado y sin embargo yet las ventas son mejores!
La asistente del contador ¡Es porque el jefe suele confundir las cuentas de la compañía con las suyas personales! It's because the boss is used to confusing the company account with his own!
¡Esta empresa tiene altas y bajas! finances with ups and downs
La gerencia artística ¡Estoy mejor calificada que muchos de mis colegas pero con el peor salario! the worst salary ¡Hay aires de huelga! "a strike in the air"
Los recursos humanos Mi trabajo es motivar a los equipos, manejar las tensiones, los conflictos, que puedan ocurrir en la compañía. to manage tensions, conflicts . . .
¡Funciono mejor cuando he tomado mi café!
La gerencia comercial ¡Tenemos muchos menos productos que la competencia! competition
¡Y nuestra estrategia de ventas está muy lejos de ser bastante agresiva! Our sales strategy is far from being aggressive enough!
El departamento de mercadeo launching ¡El lanzamiento del producto puede realizarse tanto por Internet como en periódicos! ¡La clave está en elegir una clientela determinada sin ignorar la importancia de la difusión de boca en boca! word of mouth
LUC NISSET.

MAKEOVER

informe de evolución # 7

antes	después
Hubieron dos errores	Hubo dos errores
Esto es el más mejor	Esto es mejor
Él es más mucho agradable	Él es mucho más agradable
Ella es más mejor	Ella es mucho mejor
Esto es más bueno	Esto es mejor
Tú hablas más poco	Tú hablas menos
Ella habla mejor que mi	Ella habla mejor que yo
Ayer he tenido fiebre	Ayer tuve fiebre
Hoy trabajé mucho	Hoy he trabajado mucho

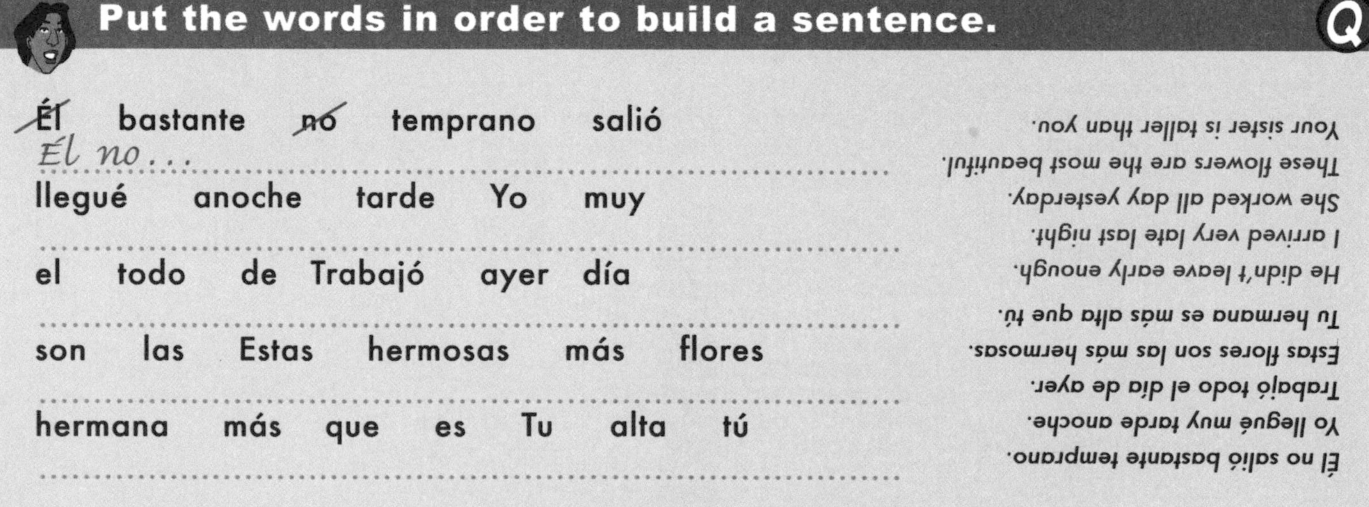

Put the words in order to build a sentence.

Él bastante no temprano salió

....

llegué anoche tarde Yo muy

....

el todo de Trabajó ayer día

....

son las Estas hermosas más flores

....

hermana más que es Tu alta tú

....

Él no salió bastante temprano.
Yo llegué muy tarde anoche.
Trabajó todo el día de ayer.
Estas flores son las más hermosas.
Tu hermana es más alta que tú.
He didn't leave early enough.
I arrived very late last night.
She worked all day yesterday.
These flowers are the most beautiful.
Your sister is taller than you.

el gran desafío

Todd, you're in the hot seat now—*una entrevista*—an interview in Spanish!

He redactado mi CV.
I filled out my résumé (Curriculum Vitae)
Yo… ………… en este campo field como gerente de ventas.
sales manager

¿Sabe Ud. cómo ………. todas las técnicas de venta?

Me he capacitado por un año con los competidores. Yo ………. sus debilidades.

Usted es .. …….. candidato. Pida una cita con recursos humanos.

Entonces, ¿ ………… una buena entrevista para mí?

trabajo
he trabajado
trabajé

coger
utilizar
hacer

conozco
sé
veo

mejor
el más bueno
el mejor

han sido
he sido
ha sido

find and circle the right word missing from the dialog bubbles

Answers: he trabajado, utilizar, conozco, el mejor, ha sido

Help Kate by selecting the correct answers.

check the right square
Sé a tu tío
Conozco a tu tío.
Conozco tu tío.
Mis hermanas se han marchadas ayer.
Mis hermanas se han marchado ayer.
Mis hermanas se marcharon ayer.
Mi prima no es tanto amable como ella piensa.
Mi prima no es tan amable como ella piensa.
Mi prima no es tan amable que ella piensa.

Answers:

Conozco a tu tío.
Mis hermanas se marcharon ayer.
Mi prima no es tan amable como ella piensa.

entre bastidores

Estamos en la nueva sede* de nuestra empresa en pleno centro de negocios.
*headquarters
¡Está más cerca de mi casa!

¿Cómo se ha reorganizado la asignación de los locales?
allocation of work space
¿Hemos previsto* un lugar para nuestros dos colaboradores hispanófilos?
*previsto, prever: to foresee/plan for

Nuestras oficinas son combés. ¡Me encantan!
open space offices
¿Dónde está la oficina del jefe?
¡Han puesto el departamento de contabilidad cerca del de creatividad!
¡Es bueno para la imagen de nuestra marca!
That's good for the image of the company
Es la oficina con ventana, al fondo.
windowed office
¡Se pagará los primeros de mes!
¡Ay, qué bien! ¡Tu cubículo esta al lado del mío!
your cubicle is next to mine

THE SPANISH MAKEOVER
Y ¿tú?
¡Oh sí, yo también!
Demos la bienvenida a nuestros amigos de Estados Unidos.
¡Hola estimado colega!
¡No puedo esperar a que comience!
I can't wait to start working!
¿Cuándo comienza el curso?
training
LUC NISSET.

Cell Phone Survivor: Madrid

As we saw in the office yesterday, we live in a connected world, dependent on information from many sources.

To keep all lines of communication open, we'll show you how to use the conditional to be polite.

The weather, *el tiempo*, the latest news, *las últimas noticias*, and travel information, you can access this all from TV, online, your mobile, or a newspaper.

And you'll also learn how to use pronouns correctly.
Kate and Todd, can you connect while in Spain ?

in this episode

los tipos de comunicación

el condicional

los pronombres
pronouns
el orden de los pronombres objeto

Te quiero
...
Besos!
A.

8

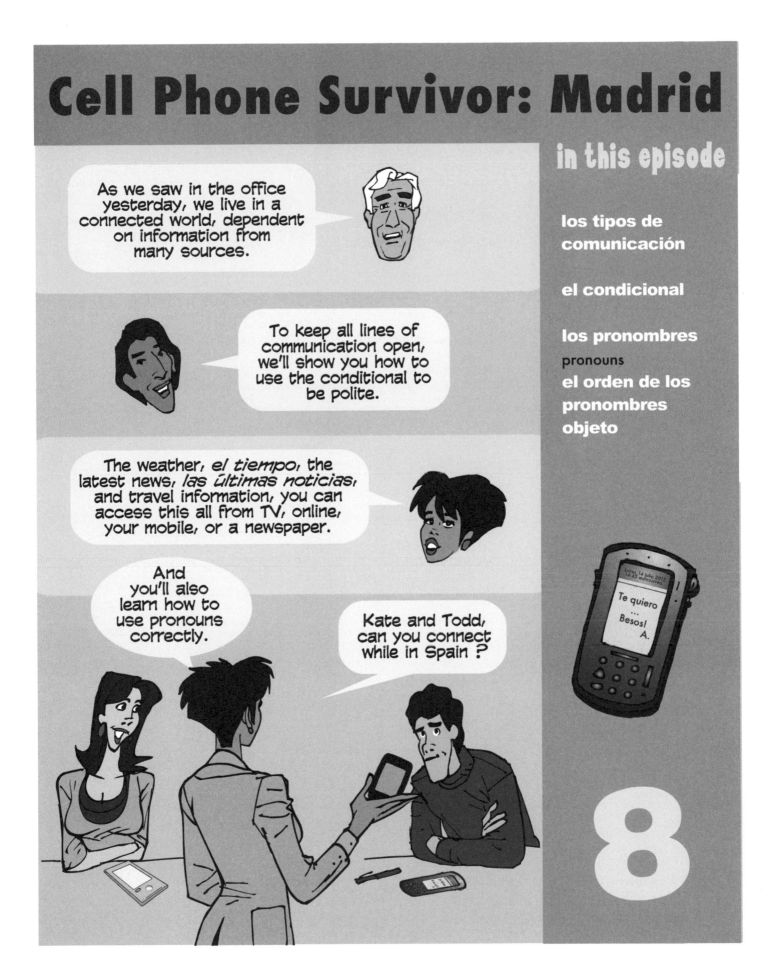

el arte de la comunicación

para empezar una conversación
to engage in a conversation

Mira, a propósito...
Look, by the way . . .
¿Le molesto?
Am I disturbing you?
¿Puedo hablarle?
Can I speak to you?
Tenemos que hablar.
We have to talk.
¿Tiene 5 minutos?
Do you have 5 minutes?

la certeza
certainty

Seguro/a (que)...
I'm convinced (that . . .)
Estoy seguro/a.
I'm positive.
¡Sin ninguna duda!
No doubt!
¡Es obvio! ¡Es evidente!
I'm sure! It's obvious!

desembarazarse de alguien
to get rid of someone

¡Déjeme solo/a!
Leave me alone!
¡Déjeme en paz!
Let me be!
¡No me moleste!
Don't bother me!
¡Basta!
Enough already!
¡Salga ahora mismo!
Get out right now!

insistir
to insist

Le aseguro (que)...
I assure you (that) . . .
Le juro (que)...
I swear (that) . . .
Le garantizo (que)...
I guarantee you (that) . . .
Tengo que insistir.
I have to insist.

la incomprensión
incomprehension

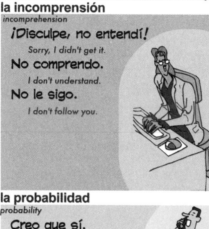

¡Disculpe, no entendí!
Sorry, I didn't get it.
No comprendo.
I don't understand.
No le sigo.
I don't follow you.

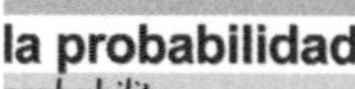

estar de acuerdo
to be in agreement

Estoy de acuerdo.
I agree.
¡Exactamente!
Exactly!
Tiene razón.
You're right.
¡Claro!
Right!

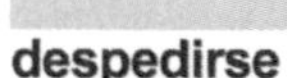

rehusar
to refuse

Es inútil seguir insistiendo.
It's useless to insist!
Lo siento pero no.
Sorry but it's no.
¡No insista!
Don't insist!
¡No es no!
That means no!
¡Ya le dije que no!
I already told you no.

la probabilidad
probability

Creo que sí.
I think so.
Me parece que ...
It looks like . . .
Podría ser.
It could be.
Hay posibilidades (de que ...)
Chances are . . .

despedirse
to take one's leave

Lo siento, pero debo irme.
Sorry, but I've got to go.
Disculpe, me esperan.
Excuse me, I'm expected.
Me tengo que ir.
I've got to go.
Bueno, le dejo.
OK, I'm leaving.

verbs ending with: -ar, -er, -ir

	escuchar *to listen*	entender *to understand*	oír *to hear*
yo	escucho	entiendo	oigo
tú	escuchas	entiendes	oyes
él/ella	escucha	entiende	oye
Usted	escucha	entiende	oye
nosotros/nosotras	escuchamos	entendemos	oímos
vosotros/vosotras	escucháis	entendéis	oís
Ustedes	escuchan	entienden	oyen
ellos/ellas	escuchan	entienden	oyen

verbs

tipos de comunicación

Here are ways to stay *al corriente*, wired in Spanish

el idioma

¡Sofía, qué bueno verla! ¡Siempre está dispuesta a charlar!
It's so nice meeting you! Always ready to chew the fat!
Gracias. Tú también tienes siempre algo para contar. ¡A mí, me encanta hablar contigo!
Thank you! You've always got something to talk about! I love chatting with you!

el lenguaje intuitivo

expresiones faciales y lenguaje corporal
facial expressions and body language
Señora presidente, vengo a pedir un aumento de sueldo.
a raise
= Sí
= No
= Quizá
maybe

el teléfono, los mensajes de texto

¡Ya volviste! ¡Qué bueno!
You're back, it's so cool!
¡No dejé de pensar en ti!
I didn't stop thinking of you!
Nos hemos comunicado tanto por correo electrónico que ahora nos cuesta hacerlo de otra manera. ¡Ese es el problema!
We've been e-mailing each other for so long that we can't communicate in other ways! That's the problem!
¡Sí, me siento tímido como la primera vez!
Yeah, it makes me shy like the first time!

el correo

Correo
Correo

la Red y el correo electrónico
the Web

¡Gracias a Internet, yo charlo I chat con todas mis amigas en todo el mundo!

los medios de comunicación

comunicación

terminología informática
computer terms

Encender/apagar; enviar; borrar to turn on/off; send; erase
Cancelar/anular to cancel/undo
La aplicación application
El teclado/el ratón/las teclas keyboard, mouse, keys
La energía/la corriente power
El correo electrónico e-mail
Descomponerse/caerse to crash
No funciona out of order
Guardar to save
Una carpeta (adjunta) file (attached)
Congelarse to freeze
Imprimir to print
El equipo/los componentes hardware
Funcionar mal/fallar to malfunction
Navegar to browse, to surf
El ordenador/la computadora computer
La página web/página inicial; sitio web web page/homepage; website
El contrafuego firewall
Plantarse to crash
Abrir; cerrar to open; close
Registrar; deslizarse to log on; scroll
Reiniciar to reboot
Borrar/suprimir to erase/delete
Descargar to down-/upload
Web/red web, network

terminología telefónica
telephone terms

Hola, mi nombre es...	Hello! Hi, my name is . . .
Podría hablar con...	May I speak with . . .
Quiseria hacer una llamada	I'd like to make a phone call
¿Quién es?/¿Quién habla?	Who's calling?
¿Con quién desea hablar?	Who would you like to speak with?
¿Puede escucharme? ¿Me oye?	Can you hear me?
Espere un momento	Hold on
Le vuelvo a llamar	I'll call you back
No funciona	It doesn't work
Espere, por favor	Please, wait
¿Podría repetir, por favor?	Can you repeat that, please?
¿Podría dejar un mensaje?	Can I leave a message?
Está ocupado	It's busy
Número equivocado	Wrong number
Vuelva a marcar	Redial
Esperar	To wait
Levantar	To pick up
Colgar/cortar	To hang up

¿Puede esperar un momento, por favor?
Can you hold on a minute, please?

verbs ending with: -er

	querer *to want, to love*	**poder** *can/to be able to*	**deber** *must, to owe*
yo	quiero	puedo	debo
tú	quieres	puedes	debes
él/ella	quiere	puede	debe
Usted	quiere	puede	debe
nosotros/nosotras	queremos	podemos	debemos
vosotros/vosotras	queréis	podéis	debéis
Ustedes	quieren	pueden	deben
ellos/ellas	quieren	pueden	deben

el condicional

the conditional

The ***conditional*** is used to express a ***possibility, a suggestion, a wish, or a request***. It's also the most ***polite tense*** since it avoids the notion of order: ***it only wishes for your agreement***. The Spanish conditional corresponds to would/could + verb

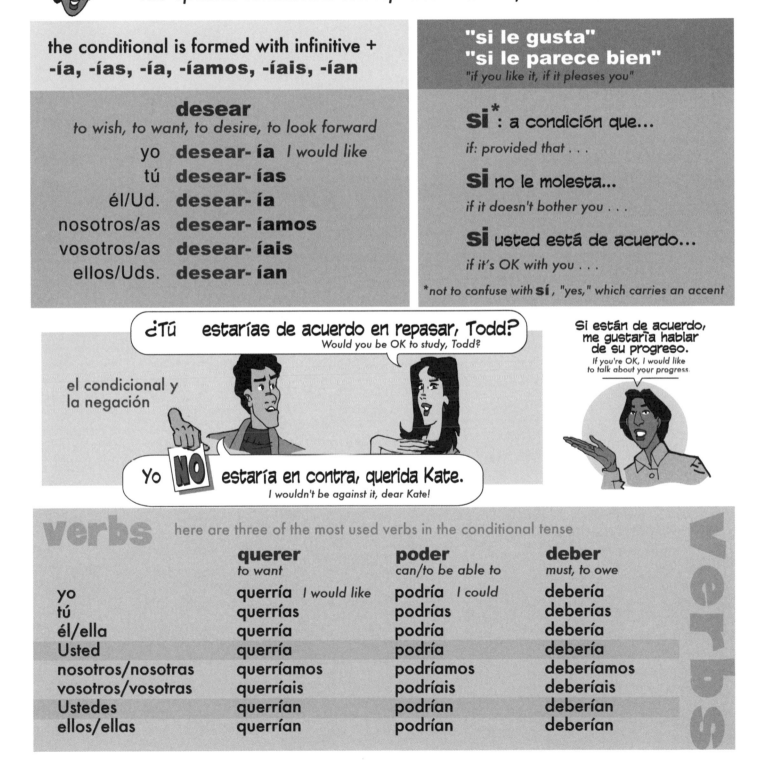

the conditional is formed with infinitive +
-ía, -ías, -ía, -íamos, -íais, -ían

desear
to wish, to want, to desire, to look forward

yo	**desear- ía**	*I would like*
tú	**desear- ías**	
él/Ud.	**desear- ía**	
nosotros/as	**desear- íamos**	
vosotros/as	**desear- íais**	
ellos/Uds.	**desear- ían**	

"si le gusta"
"si le parece bien"
"if you like it, if it pleases you"

si*: a condición que...
if: provided that . . .

si no le molesta...
if it doesn't bother you . . .

si usted está de acuerdo...
if it's OK with you . . .

*not to confuse with **sí**, "yes," which carries an accent

el condicional y la negación

¿Tú estarías de acuerdo en repasar, Todd?
Would you be OK to study, Todd?
Yo NO estaría en contra, querida Kate.
I wouldn't be against it, dear Kate!

Si están de acuerdo, me gustaría hablar de su progreso.
If you're OK, I would like to talk about your progress.

verbs

here are three of the most used verbs in the conditional tense

	querer *to want*	**poder** *can/to be able to*	**deber** *must, to owe*
yo	querría *I would like*	podría *I could*	debería
tú	querrías	podrías	deberías
él/ella	querría	podría	debería
Usted	querría	podría	debería
nosotros/nosotras	querríamos	podríamos	deberíamos
vosotros/vosotras	querríais	podríais	deberíais
Ustedes	querrían	podrían	deberían
ellos/ellas	querrían	podrían	deberían

los pronombres objecto

We already know that a pronoun replaces a noun and conveniently avoids repetition. It goes before the verb, except when used with a preposition

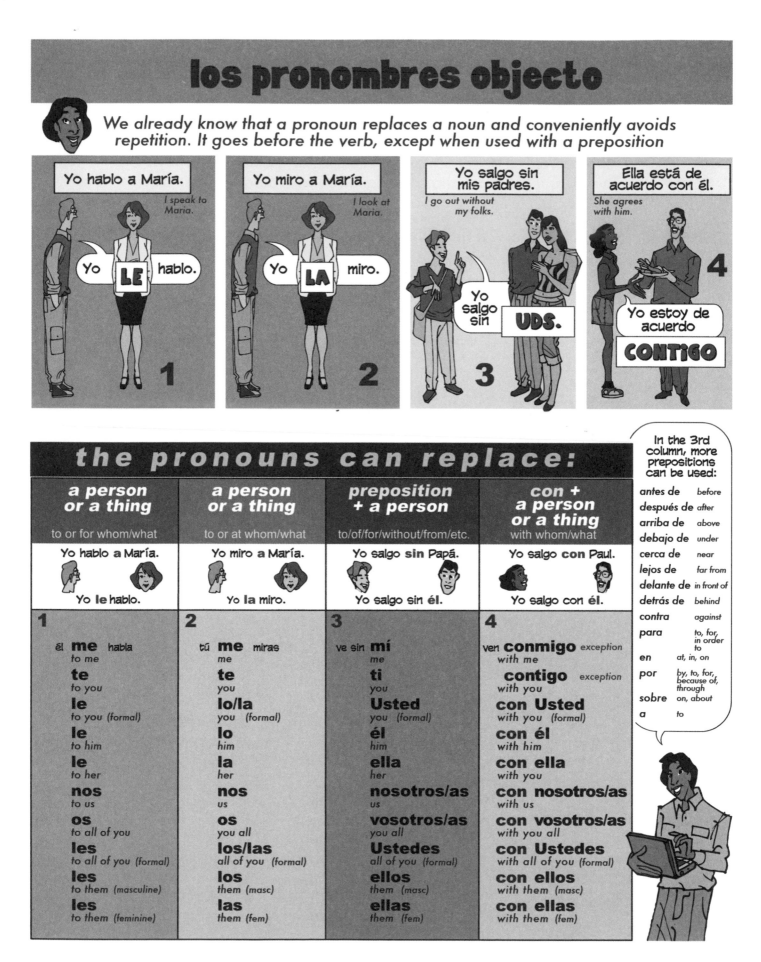

Yo hablo a María.
I speak to Maria.
Yo LE hablo.
1

Yo miro a María.
I look at Maria.
Yo LA miro.
2

Yo salgo sin mis padres.
I go out without my folks.
Yo salgo sin UDS.
3

Ella está de acuerdo con él.
She agrees with him.
Yo estoy de acuerdo CONTIGO
4

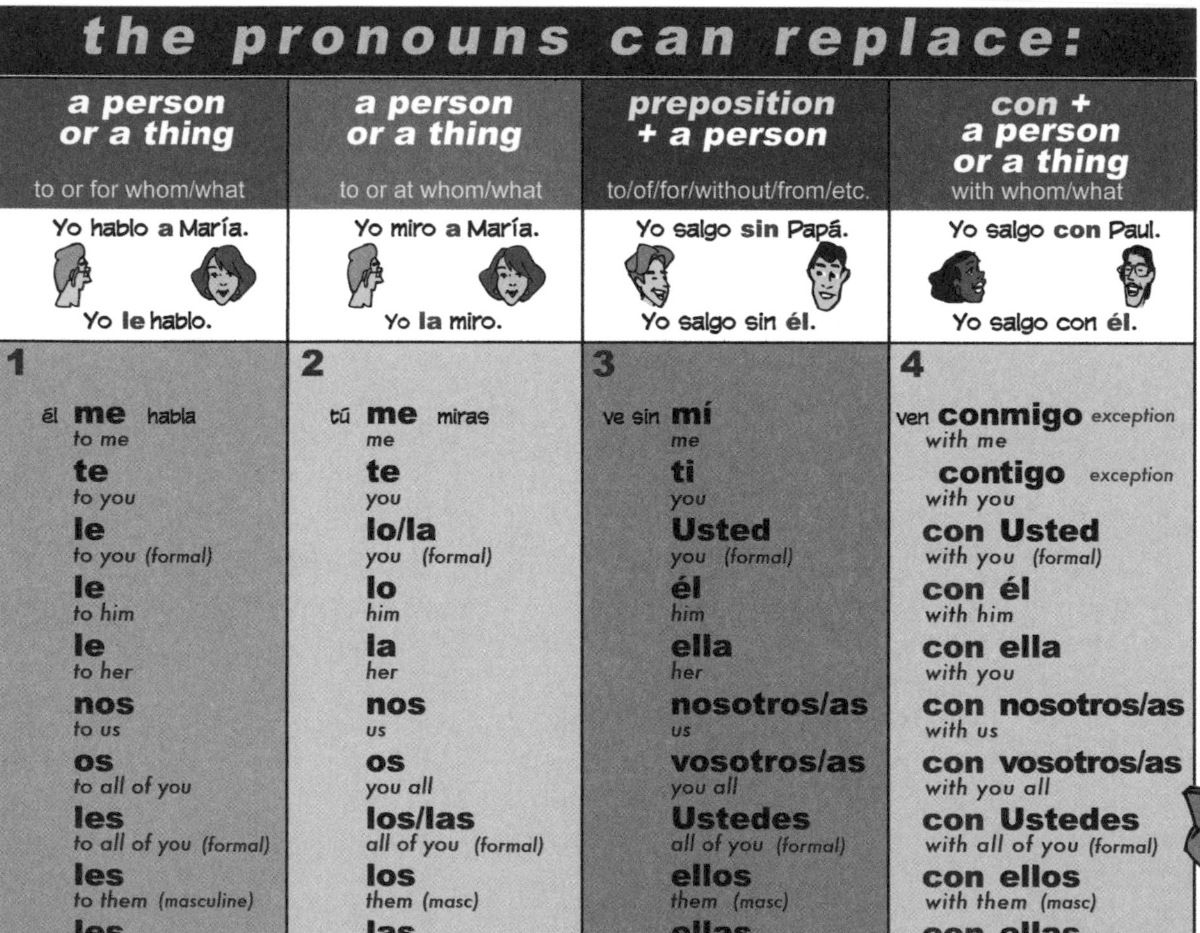

the pronouns can replace:

a person or a thing to or for whom/what	a person or a thing to or at whom/what	preposition + a person to/of/for/without/from/etc.	con + a person or a thing with whom/what
Yo hablo a María. Yo **le** hablo.	Yo miro a María. Yo **la** miro.	Yo salgo **sin** Papá. Yo salgo sin **él**.	Yo salgo **con** Paul. Yo salgo con **él**.
1	**2**	**3**	**4**
él **me** habla *to me*	tú **me** miras *me*	ve sin **mí** *me*	ven **conmigo** *exception* *with me*
te *to you*	**te** *you*	**ti** *you*	**contigo** *exception* *with you*
le *to you (formal)*	**lo/la** *you (formal)*	**Usted** *you (formal)*	**con Usted** *with you (formal)*
le *to him*	**lo** *him*	**él** *him*	**con él** *with him*
le *to her*	**la** *her*	**ella** *her*	**con ella** *with you*
nos *to us*	**nos** *us*	**nosotros/as** *us*	**con nosotros/as** *with us*
os *to all of you*	**os** *you all*	**vosotros/as** *you all*	**con vosotros/as** *with you all*
les *to all of you (formal)*	**los/las** *all of you (formal)*	**Ustedes** *all of you (formal)*	**con Ustedes** *with all of you (formal)*
les *to them (masculine)*	**los** *them (masc)*	**ellos** *them (masc)*	**con ellos** *with them (masc)*
les *to them (feminine)*	**las** *them (fem)*	**ellas** *them (fem)*	**con ellas** *with them (fem)*

In the 3rd column, more prepositions can be used:

antes de	before
después de	after
arriba de	above
debajo de	under
cerca de	near
lejos de	far from
delante de	in front of
detrás de	behind
contra	against
para	to, for, in order to
en	at, in, on
por	by, to, for, because of, through
sobre	on, about
a	to

le y les

*Let's have a closer look at the pronouns **le**, translated as "to her" or "to him" or "to you (Ud.)" and **les**, translated as "to them" or "to you (Uds.)"*

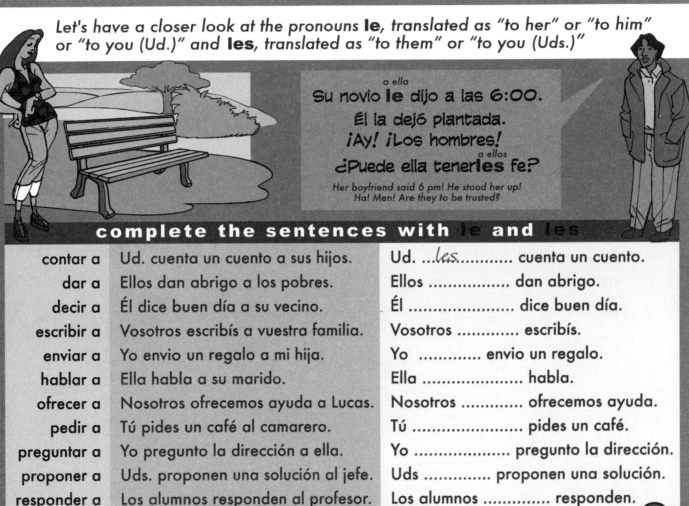

a ella
Su novio **le** dijo a las 6:00.
Él la dejó plantada.
¡Ay! ¡Los hombres!
a ellos
¿Puede ella tener**les** fe?

Her boyfriend said 6 pm! He stood her up! Ha! Men! Are they to be trusted?

complete the sentences with le and les

contar a	Ud. cuenta un cuento a sus hijos.	Ud. ...les........... cuenta un cuento.
dar a	Ellos dan abrigo a los pobres.	Ellos .... dan abrigo.
decir a	Él dice buen día a su vecino.	Él .... dice buen día.
escribir a	Vosotros escribís a vuestra familia.	Vosotros .... escribís.
enviar a	Yo envio un regalo a mi hija.	Yo .... envio un regalo.
hablar a	Ella habla a su marido.	Ella .... habla.
ofrecer a	Nosotros ofrecemos ayuda a Lucas.	Nosotros .... ofrecemos ayuda.
pedir a	Tú pides un café al camarero.	Tú .... pides un café.
preguntar a	Yo pregunto la dirección a ella.	Yo .... pregunto la dirección.
proponer a	Uds. proponen una solución al jefe.	Uds .... proponen una solución.
responder a	Los alumnos responden al profesor.	Los alumnos .... responden.
telefonear a	Yo telefoneo a mis padres.	Yo .... telefoneo.

Q

Some verbs work with these pronouns most of the time, like the verb gustar

disgustar	me disgusta	*I dislike*
doler	te duele	*you hurt*
encantar	los encanta	*they like*
faltar	a Ud. le falta	*you need*
hacer falta	le hace falta	*he/she needs*
importar	nos importa	*we appreciate*
molestar	te molesta	*it bothers you*
parecer	me parece	*it seems to me*

the subject is what or whom the verb refers to

A Anna, le hace falta encontrar un teléfono público.
Anna needs a public phone.

Anna pregunta a dos señoritas dónde hay una cabina telefónica.
Anna asks two young ladies where to find a phone booth.

Ella **les** pide ayuda.
She asks for their help.

Ellas **le** indican donde hay una.
They tell her where there is one.

los pronombres

We just learned that after a preposition, we use the pronouns **mí, ti**.

there are some **exceptions**:

entre	*between*	Entre tú y yo hay buena onda	*Between you and me there are good vibes*
excepto, salvo	*except*	Todos quieren a mi perro, excepto tú	*Everybody likes my dog, except you*
menos	*except*	Todos saben su nombre, menos yo	*They all know her name, except me*
según	*according to*	Según yo, el español no es difícil	*According to me, Spanish isn't hard*

when we're referring to both direct and indirect objects in the same sentence, we must replace **le/les** *with* **se**

YO DOY LOS LIBROS A IDA *I give the books to Ida*

YO
LOS
los libros
DOY
give
A IDA

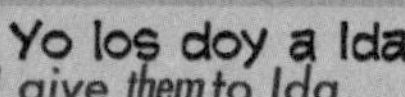

Yo los doy a Ida
I give them to Ida

YO
LE
a Ida
DOY
LOS LIBROS

Yo le doy los libros
I give the books to her

YO
SE
a Ida
LOS
DOY

Yo se los doy
I give them to her

Complete the sentence with se, lo, los, la, las.

Yo doy las flores a ella.	Yo ...se... ...las... doy.
Tú muestras las fotos a tu padre.	Tú .... muestras.
Ud. corrige los ejercicios a sus hijos.	Ud. .... corrige.
Ella prepara el café a su marido.	Ella .... prepara.
Nosotras llevamos el coche al mecánico.	Nosotras .... llevamos.
Vosotros compráis los boletos al Sr. García.	Vosotros .... compráis.
Uds. dicen la verdad a los abuelos.	Uds. .... dicen.
Ellos enseñan español a sus amigos.	Ellos .... enseñan.

ANSWERS: Tú se las muestras; Ud. se los corrige; Ella se lo prepara; Nosotras se lo llevamos; Vosotros se los compráis; Uds. se la dicen; Ellos se lo enseñan.

el orden de los pronombres

the order of pronouns

When there is more than one pronoun, there's a fixed order to follow 

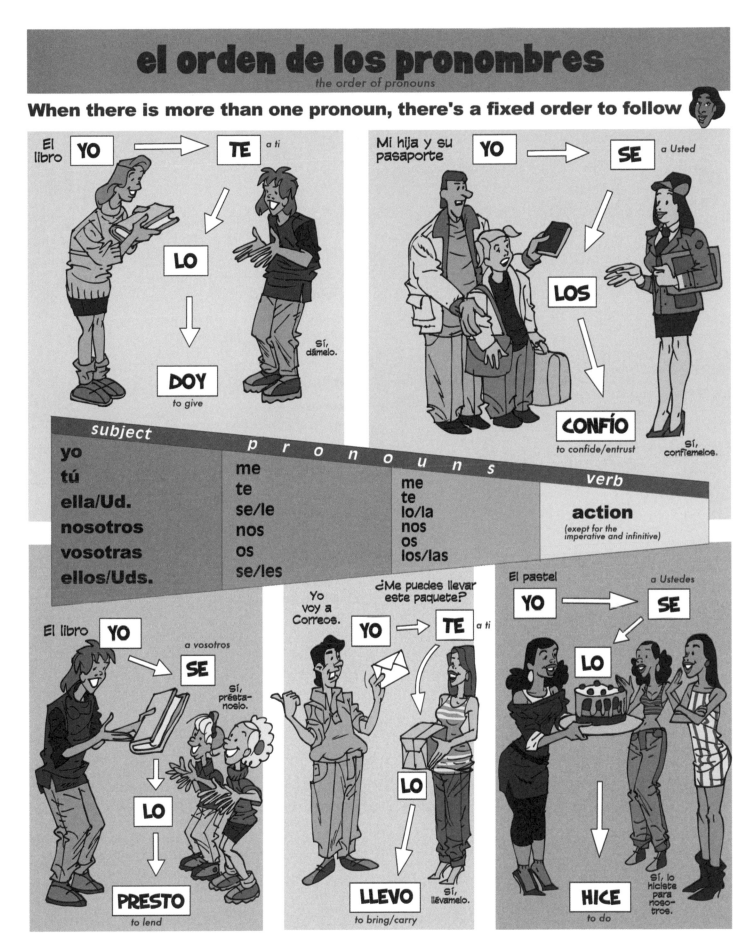

El libro
YO → TE *a ti*
LO
DOY
to give
Sí, dámelo.

Mi hija y su pasaporte
YO → SE *a Usted*
LOS
CONFÍO
to confide/entrust
Sí, confíemelos.

subject	pronouns		verb
yo	me	me	**action**
tú	te	te	*(exept for the imperative and infinitive)*
ella/Ud.	se/le	lo/la	
nosotros	nos	nos	
vosotras	os	os	
ellos/Uds.	se/les	los/las	

El libro
YO → SE *a vosotros*
LO
PRESTO
to lend
Sí, préstanoslo.

Yo voy a Correos.
¿Me puedes llevar este paquete?
YO → TE *a ti*
LO
LLEVO
to bring/carry
Sí, llévamelo.

El pastel
YO → SE *a Ustedes*
LO
HICE
to do
Sí, lo hiciste para nosotros.

informe de evolución # 8

antes	después
Yo veo Pedro.	Yo veo a Pedro.
Yo la hablo por teléfono.	Yo le hablo por teléfono (a mi madre).
Yo te miro a Ud.	Yo le miro a Ud.
Ella le los da (a él).	Ella se los da (a él).
Lo pido un café (al camarero).	Le pido un café (al camarero).
Ellos le dicen.	Ellos la dicen (Ellos dicen la verdad).
Ellos lo dicen la verdad.	Ellos le dicen la verdad.
Tú la les preguntas.	Tú se la preguntas.
Gracias a tú.	Gracias a ti.
Ella está con mí.	Ella está conmigo.

Yo veo ....

Put the words in order to build a sentence.

a menudo ~~Yo~~ no telefoneo le

Yo ....

Ellos muestran nos camino el

....

se a menudo Ellos ofrecen lo

....

los nos temprano Uds. llevan

....

gustaría Me comprar otro

....

Yo no le telefoneo a menudo.
Ellos nos muestran el camino.
Ellos se lo ofrecen a menudo.
Uds. nos los llevan temprano.
Me gustaría comprar otro.
I don't call him/her often.
They show us the way.
They offer it to them often.
You take them to us early.
I would like to buy another one.

el gran desafío

Kate and Todd, coordinate your Internet and SMS data.

¿........ darme tu tarjeta personal? *electronic address*

Yo no la traigo *carry* ....

Entonces ¿.... podrías decir tu dirección de correo?

.... envio con un mensaje de texto.

Sí, ya la he recibido. .... agradezco. *I thank you for it!*

¡De nada!

podría
podías
podrías

find and circle the right word missing from the dialog bubbles

con mí
con me
conmigo

me
mi
te

le la
se lo
te la

te les
te se
te lo

Answers: podrías, conmigo, me, te la, te lo

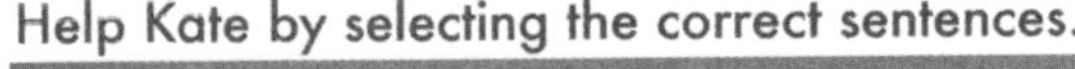

Help Kate by selecting the correct sentences.

check the right square
Ellos no lo pueden hacer más. ☐
Ellos no les pueden hacer más. ☐
Ellos no le pueden hacer más. ☐
Me gustaría viajar contigo, si estás de acuerdo. ☐
I'd love to travel with you
Me gustaría viajar con tú, si estás de acuerdo. ☐
Me gustaría viajar con ti, si estás de acuerdo. ☐
☐ España, vine allí y volveré.
☐ España, vine ahí y volveré.
☐ España, vine aquí y volveré.
Answers:
España, vine aquí y volveré.
Me gustaría viajar contigo, si estás de acuerdo.
Ellos no lo pueden hacer más.

entre bastidores

using all means of communication

¡Uds.
dos han hecho un buen trabajo, tanto Kate como tú! ¡Estamos muy orgullosos de Uds, tanto Anna, Shamir como yo!
De hecho, deberías decírselo de mi parte.
Le voy a mandar una carta.
Bueno, voy a enviar una carta a ella también.
Aquí va, ¡al buzón!
Correo
¿Anna? ¡He recibido una carta de Todd diciéndome que César está muy orgulloso de mí!
¡Te vas a reír, recibí lo mismo! ¡Tengo la impresión de que era para Kate!
¡Ahora mismo le envío un correo electrónico!
¡Hay un correo electrónico de Anna! Le voy a contestar.
¡Hay un mensaje de Shamir! Le voy a responder también.
Más tarde.
¡Hubo una pequeña confusión!
¡Ayer, César hablaba de Kate! ¡El te pidió que le dijeras a ella que estábamos orgullosos de vosotros dos!
César le habla.
a él
a ella
In this instance LE applies to both genders!
Entonces, ¿"LE" no es sólo masculino?
¡Ah, es por eso! ¡Ja, ja!
El lector o la lectora ya lo ha entendido. ¡Le tenemos confianza (tanto a él como a ella)!
The reader (m) or reader (f) already understood! We had faith in him/her.

Health Improvement

Kate, Todd—you're both young and fit, so you'll want to maintain your *estilo de vida,* active lifestyle, when you visit Spain.

We'll give you the vocabulary to select your activities and sports . . .

where you'll need to know the imperative—to give or understand commands, such as *¡Pasa la pelota!* Pass the ball! *¡Ve!* Go! or *¡Corre!* Run!

We'll also teach you how to talk about the future —useful for someone like me, who is always just about to exercise, *¡pero no muy pronto!*

in this episode

vivir sanamente
a healthy lifestyle

el futuro
el futuro próximo
the near future

el presente y su función en el contexto
the present in context

el imperativo
commands

el tiempo que hace
the weather

¡en forma!

in shape!

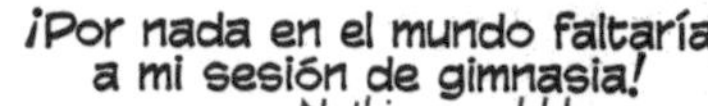

¡Por nada en el mundo faltaría a mi sesión de gimnasia!
Nothing could keep me away from the gym!

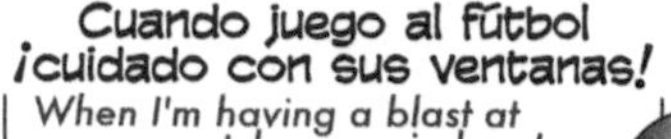

Cuando juego al fútbol ¡cuidado con sus ventanas!
When I'm having a blast at soccer, watch your windows!

¡Nada mejor que un día al aire libre con los niños!
Nothing like a day outdoors with the kids!

Nos hacía falta un recreo, ¿no?
We needed some fun, didn't we?

¡Me gusta probar los límites de mi resistencia!
I like to test my endurance!

Encontramos el equilibrio entre la mente y el cuerpo.
We're finding the right balance between body and mind.

Relajarse, meditar y contactarse con uno mismo.
To relax, meditate and get in touch with the self.

¡Inspiren, espiren, mantengan el ritmo!
Breathe in, breathe out, keep the rhythm!

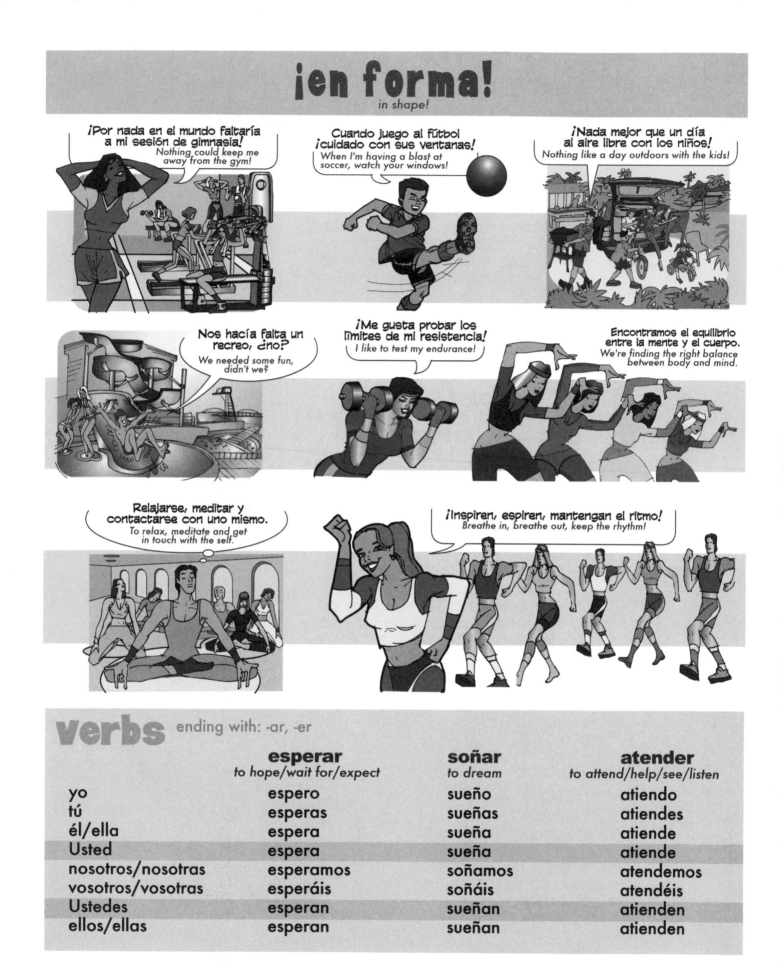

verbs ending with: -ar, -er

	esperar *to hope/wait for/expect*	**soñar** *to dream*	**atender** *to attend/help/see/listen*
yo	espero	sueño	atiendo
tú	esperas	sueñas	atiendes
él/ella	espera	sueña	atiende
Usted	espera	sueña	atiende
nosotros/nosotras	esperamos	soñamos	atendemos
vosotros/vosotras	esperáis	soñáis	atendéis
Ustedes	esperan	sueñan	atienden
ellos/ellas	esperan	sueñan	atienden

el futuro está aquí

the future is here

The future tense refers to actions or situations that will be occurring in the time to come, like **mañana, la semana que viene, en un año, pronto . . .** *the Spanish future corresponds to will + verb.*

the future is formed with infinitive +
-é, -ás, -á, -emos, -éis, -án

	hablar *to speak*	
yo	**hablar - é**	*I will speak*
tú	**hablar - ás**	
él/ella/Ud.	**hablar - á**	
nosotros/as	**hablar - emos**	
vosotros/as	**hablar - éis**	
ellos/ellas/Uds.	**hablar - án**	

Veo otras expresiones para el futuro:
en seguida, más tarde, después, más adelante, uno de estos días

Tú séras siempre el mejor, Todd.
always the best
Yo NO seré siempre paciente, Kate.
I won't always be patient, Kate.

some irregular futures

caber	yo cabré	*I will fit*
decir	yo diré	*I will say*
haber	yo habrá	*I will have*
hacer	yo haré	*I will make, do*
poder	yo podré	*I will be able*
poner	yo pondré	*I will put*
querer	yo querré	*I will want*
saber	yo sabré	*I will know*
salir	yo saldré	*I will leave*
tener	yo tendré	*I will take*
venir	yo vendré	*I will come*

verbs in the future tense

	ser *to be*	**estar** *to be*	**ir** *to go*
yo	seré	estaré	iré
tú	serás	estarás	irás
él/ella	será	estará	irá
Usted	será	estará	irá
nosotros/nosotras	seremos	estaremos	iremos
vosotros/vosotras	seréis	estaréis	iréis
Ustedes	serán	estarán	irán
ellos/ellas	serán	estarán	irán

verbs

el futuro próximo
near future

The **futuro próximo** *refers to something that is supposed to happen in the near future*

A **ir a* +** infinitive for an action that is close
yo voy a ir al gimnasio
I am going to go to the gym

B **ir a +** infinitive can work with EVERY VERB!

Yo voy a comer, tú vas a dormir, él va a venir, etc.

Including the verb *ir*! Voy a ir a la cama.
I'm going to go to bed!

C **ir a +** infinitive can also express a desire, a will, a decision

¡No voy a permitir eso!
I'm not going to let that happen!

*in the future tense, **ir** is always followed by **a**

proyección en el futuro

ayer *yesterday*

hoy *today*

mañana *tomorrow*

¡Mañana, está decidido, voy al gimnasio!

¡Ah, verdad!

¡Hoy voy a ir al gimnasio!

¡Voy para allí!

¡Estoy aquí!

¡Voy a volver mañana!

AHORA *now*

UN POCO MÁS TARDE *a little later*

el futuro próximo en acción

near future in action

¡Mañana, a lo mejor van a calentar el agua!
maybe they'll heat the pool

¡Estoy para mojarme!
Let's go into the water!

Acabo de hacer 12 largos en la piscina.
I just did 12 laps!

Estoy a punto de ahogarme.
I'm about to drown.

Ja Ja

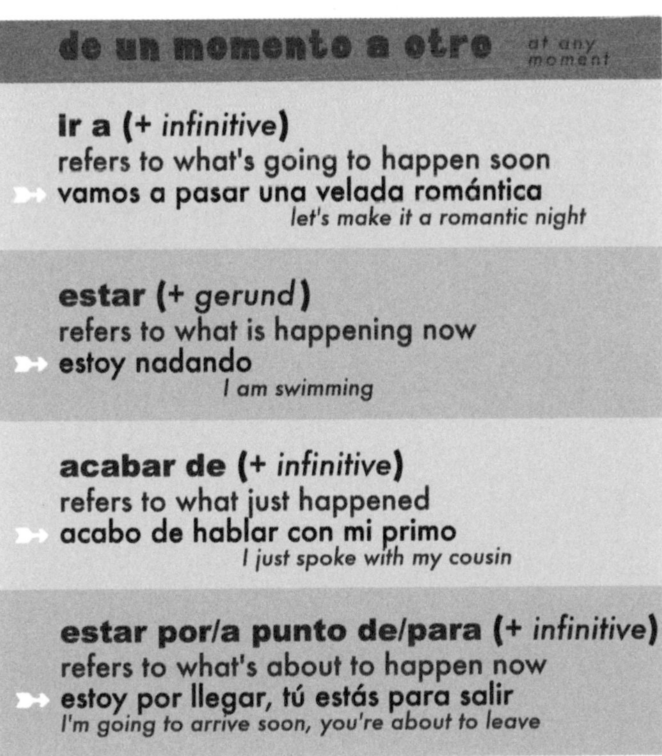

de un momento a otro *at any moment*

ir a (+ *infinitive*)
refers to what's going to happen soon
➳ vamos a pasar una velada romántica
let's make it a romantic night

estar (+ *gerund*)
refers to what is happening now
➳ estoy nadando
I am swimming

acabar de (+ *infinitive*)
refers to what just happened
➳ acabo de hablar con mi primo
I just spoke with my cousin

estar por/a punto de/para (+ *infinitive*)
refers to what's about to happen now
➳ estoy por llegar, tú estás para salir
I'm going to arrive soon, you're about to leave

recent past
near future
Acabo de comer.
Me voy a lavar los dientes.
comer
lavarse los dientes

el presente multiuso

el presente, a convenient tense for every day

a sharp multifunction tense

The present tense, depending on the context or the tone of voice, can be used in many different ways.

regular present
interrogative present
imperative present
projective present
narrative present
Multiple-use present tense

1 **presente**
2 **presente interrogativo**
3 **presente imperativo**
4 **presente proyectivo** **(futuro)**
5 **presente retroactivo** **(pasado)**

you take the kids to school

1 Tú llevas a los niños a la escuela.

2 ¿Tú llevas a los niños a la escuela?

3 Tú llevas a los niños a la escuela. ¡No tengo tiempo esta mañana!

4 Estamos de acuerdo. Tú llevas a los niños a la escuela hasta Navidad.

5 ¿Te acuerdas el año pasado? Tú llevas a los niños a la escuela... Encuentras la puerta cerrada y a los maestros de huelga.

el imperativo

The imperative is used to give directions, orders, suggestions, or advice

tú
Ud.
Tú, come.
You, eat.
Y Usted, coma.
nosotros
Comamos.
Let's eat.

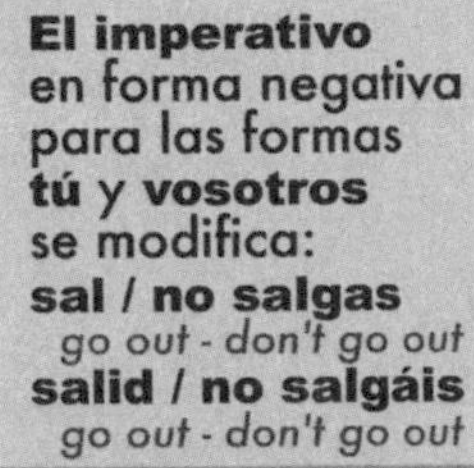

vosotros
Uds.
¡Comed!
Eat!
Ustedes, coman.

El imperativo en forma negativa para las formas **tú** y **vosotros** se modifica:
sal / no salgas *go out - don't go out*
salid / no salgáis *go out - don't go out*

	take	***run***	***live***
tú	toma	corre	vive
tú	**no tomes**	**no corras**	**no vivas**
Usted	tome	corra	viva
nosotros	tomemos	corramos	vivamos
vosotros	tomad	corred	vivid
vosotros	**no toméis**	**no corráis**	**no viváis**
Ustedes	tomen	corran	vivan

Imperativos irregulares

	dar *to give*	**decir** *to say*	**hacer** *to do*	**ir** *to go*
tú	da	di	haz	ve
tú	no des	no digas	no hagas	no vayas
Ud.	dé	diga	haga	vaya
nos.	demos	digamos	hagamos	vayamos*
vos.	dad	decid	haced	id
vos.	no deis	no digáis	no hagáis	no vayáis
Uds.	den	digan	hagan	vayan

	oír *to hear*	**poner** *to put*	**saber** *to know*	**salir** *to go out*
tú	oye	pon	sabe	sal
tú	no oigas	no pongas	no sepas	no salgas
Ud.	oiga	ponga	sepa	salga
nos.	oigamos	pongamos	sepamos	salgamos
vos.	oíd	poned	sabed	salid
vos.	no oigáis	no pongáis	no sepáis	no salgáis
Uds.	oigan	pongan	sepan	salgan

	ser *to be*	**tener** *to have*	**venir** *to come*	**ver** *to see*
tú	sé	ten	ven	ve
tú	no seas	no tengas	no vengas	no veas
Ud.	sea	tenga	venga	vea
nos.	seamos	tengamos	vengamos	veamos
vos.	sed	tened	venid	ved
vos.	no seáis	no tengáis	no vengáis	no veáis
Uds.	sean	tengan	vengan	vean

*or vamos

¡Ve!	*Go!*
¡Date prisa!	*Hurry up!*
¡Espérame!	*Wait for me!*
¡Cálmese!	*Calm down!*
¡No te preocupes!	*Don't worry!*
¡No te pongas nervioso!	*Don't get nervous!*
¡Déjame!	*Let go of me!*
¡Vamos!	*Let's go!*
¡Coge más!	*Have some more!*

¡Termina tu tarea y ve a la cama!

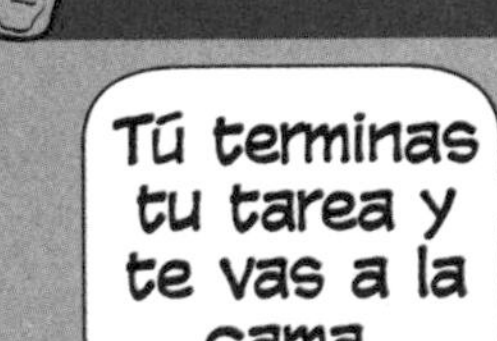

shortcut alert

Tú terminas tu tarea y te vas a la cama.

The imperative is often replaced by the present tense used as an order.

Pues tú me cuentas un cuento.

¿cómo te sientes?

how do you feel?

los consejos del médico

Es una migraña causada por un desfase horario.
jet lag
Haga ejercicio, deporte.
¿Dónde duele?
Un poco de reposo y mejorará.
get better
Usted tiene un poco de fiebre.
fever
No es nada.
¡No se exceda en las comidas!
overeating
el consultorio del médico
los medicamentos
el termómetro

con buena salud

en la farmacia

No me puedo quejar.
can't complain.
Yo estoy en plena forma y la vida es hermosa.
¿Tiene algo contra la migraña?
headache
¿Y contra la tos?
cough
Tampoco puedo dormir.
can't sleep either
el farmacéutico

emociones mezcladas

los análisis de laboratorio

Es para un análisis.
screening
Hagamos una cita para los exámenes.
tests
Querría realizar un examen de embarazo.
pregnancy test
Y quiero tomar la píldora anticonceptiva.
contraceptive pill

la hora de visitas en el hospital

¿Qué tal estás esta mañana?
Me siento mucho mejor.
¿Ya no estás enferma?
¡Luces muy bien!
look healthy
¿Cuándo sales?

¿Cuál es el problema?
Tengo pena*, estoy triste.
*sadness sad
¡Me siento mal!
Lloro por nada.
I cry for no reason.
¿Te sientes enferma?
Soy muy emotiva.
emotional
¡Es el estrés!

una salud delicada

las buenas resoluciones

¡Fumas demasiado! ¡Te estás arruinando la salud!
you're ruining your health
Y la mía también.
¡Tienes razón! ¡Lo dejo mañana!
I'll quit tomorrow!
Y retomo el gimnasio.
And I'm back to the gym!

una buena noche de descanso

¡Estoy muerta! ¡Agotada! ¡Me caigo de sueño!
I'm dead beat!
¡Me siento regia! ¡Me siento como nueva! ¡Ay, que descanso!
I feel great!
¡Dormir es la mejor medicina!
Sleep is the best medicine!
colloquial

Me ha picado por varios días. Tengo náuseas.
itch
nausea
Me duele el estómago/la espalda/los riñones.
belly/backache/kidneys hurt
Tengo un esguince en el tobillo.
strained ankle
Tengo vértigo.
vertigo
¡Con un catarro así, debo tener gripe!
a cold like this
the flu
¡Tengo quemaduras de sol! ¡Duelen!
sunburn
Siento un dolor aquí.
I feel a pain here.

¿qué tiempo hace?

When planning outdoor activities, you need to consider the weather

We have three ways to talk about *el tiempo*, the weather:

hace	hace buen tiempo	*it's beautiful weather*
estar	está nublado	*it's cloudy*
el verbo	llueve	*it's raining*

Hace calor.
Está soleado.
No llueve.

Impersonal verbs are used without articles or subjects when describing the weather.

hace + noun

hace frío	*it's cold*
hace calor	*it's hot*
hace fresco	*it's cool*
hace 25 grados	*it's 25 degrees*
hace buen tiempo	*it's nice outside*
hace mal tiempo	*it's bad outside*
hace sol	*it's sunny*
hace viento	*it's windy*

las cuatro estaciones

la primavera *spring*	**el verano** *summer*	**el otoño** *fall*	**el invierno** *winter*

estar + participle/adjective

está soleado	*it's a sunny day*
está nublado	*it's cloudy*
está fresco	*it's chilly*
está ventoso	*it's windy*
está estrellado	*it's starry*

¡Qué hermoso día! ¿no?
What a wonderful day, huh?
¡A mí, me parece que viene tormenta!
To me, it looks like a storm's coming!
¡Por fin el buen tiempo!
At last, nice weather!
¡Esto no va a durar!
It's not gonna last!
¡Va a llover!
It's gonna rain!

impersonal verbs

llueve	*it's raining*
nieva	*it's snowing*
llovizna	*it's drizzling*
hiela	*it's freezing*
graniza	*it's hailing*

informe de evolución # 9

antes

Vamos partir

El termina de acabar

Yo hablará

El va a llover mucho

Habrá calor

Habrán muchas tormentas

Haré viento

Hay frío, hay calor

después

Vamos a partir

vamos

El acaba de terminar

Yo hablaré

Va a llover mucho

Hará calor

Habrá muchas tormentas

Hará viento

Hace frío, hace calor

Put the words in order to build a sentence.

película está de punto a empezar La

....

está salir jefe por El de viaje

....

jugando niños Los fuera están

....

ir a año Este voy de a vacaciones España

....

ella ir va Mañana a de paseo

....

La película está a punto de empezar.
El jefe está por salir de viaje.
Los niños están jugando fuera.
Este año voy a ir de vacaciones a España.
Mañana, ella va a ir de paseo.
The movie is about to begin.
The boss is about to leave on a trip.
The children are playing outside.
This year I'm going to go on vacation to Spain.
Tomorrow, she's going to go for a walk.

Q el gran desafío

Kate, why don't you tell Todd about your plans for next year?

Yo ...... regresar el próximo año para hacer el triatlón de Barcelona.

¡............. desde ahora, es difícil!

¡Hay que nadar 750 m, hacer 20 km en bicicleta y correr 5 km! En un año .... en plena forma.

¡Genial, yo ..... contigo y te esperaré a la entrada, te hará falta un buen entrenador! *coach*

¡Bueno! En un año lo .... juntos. Tú te ocuparás de las reservaciones.

find and circle the right word missing from the dialog bubbles

va a / voy a / voy

entrenas / entrenad / entrena

esta / estaré / estar

iré / ir / id

hacer / hacemos / haremos

Answers: voy a, entrena, estaré, iré, haremos

Help Todd by selecting the correct sentences.

check the right square
¡Yo voy nadar!
¡Yo voy a nadar!
¡Yo voy nadaré!
No ten tiempo para comer.
No tendrás tiempo para comer.
Tendrás no tiempo para comer.
Cuando hace soleado, hace calor.
Cuando hace sol, hace calor.
Cuando hace sol, está calor.
Answers:
Cuando hace sol, hace calor.
No tendrás tiempo para comer.
Yo voy a nadar.

entre bastidores

After a day of healthy activity, everyone can enjoy a hearty meal—in any tense!

regular present
Bueno, elegimos.

projective present
¿Qué piden?

near future
¿Qué van a pedir?

future
¿Qué pedirán?

progressive form
Estamos eligiendo.

imperative
¡PIDAN!

Life Swap

Kate, Todd, as part of your Spanish Makeover, we've introduced you to various aspects of *la vida hispana*, the Hispanic life. We've now come to the end of Week 2 and you're almost ready to go it alone —to enjoy your travels and fully immerse yourself in Spanish culture and the Hispanic way of thinking.

So we'll equip you with a wide range of idiomatic expressions, to help you sound like a local, to fit in, and make friends.

And what a transformation you've made already! Indeed, you'll need verbs in the imperfect to contrast what you used to do before your Makeover, with what you do now as a *verdadero*, a real Hispanophile.

in this episode

la cultura

los pronombres relativos
relative pronouns

el imperfecto
the imperfect

las expresiones idiomáticas

10

la cultura hispana en todas partes

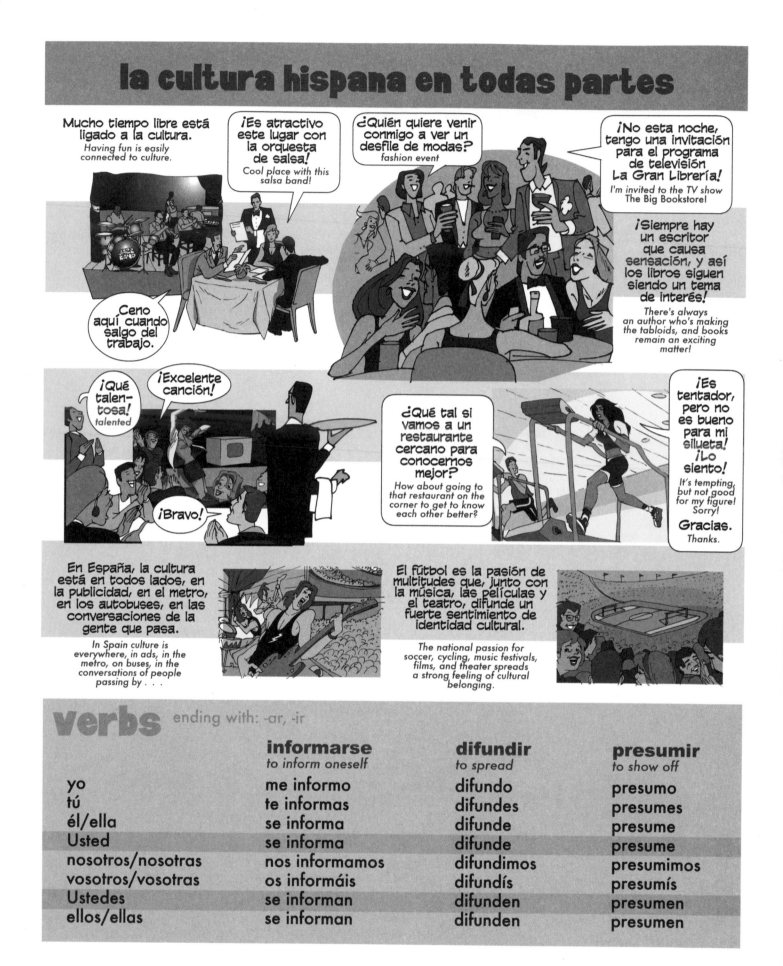

Mucho tiempo libre está ligado a la cultura.
Having fun is easily connected to culture.

¡Es atractivo este lugar con la orquesta de salsa!
Cool place with this salsa band!

Ceno aquí cuando salgo del trabajo.

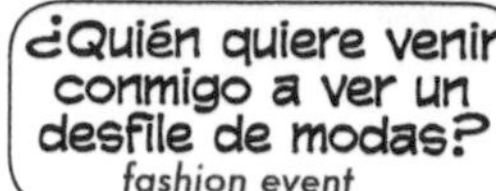

¿Quién quiere venir conmigo a ver un desfile de modas?
fashion event

¡No esta noche, tengo una invitación para el programa de televisión La Gran Librería!
I'm invited to the TV show The Big Bookstore!

¡Siempre hay un escritor que causa sensación, y así los libros siguen siendo un tema de interés!
There's always an author who's making the tabloids, and books remain an exciting matter!

¡Qué talentosa!
talented
¡Excelente canción!
¡Bravo!

¿Qué tal si vamos a un restaurante cercano para conocernos mejor?
How about going to that restaurant on the corner to get to know each other better?

¡Es tentador, pero no es bueno para mi silueta! ¡Lo siento!
It's tempting, but not good for my figure! Sorry!

Gracias.
Thanks.

En España, la cultura está en todos lados, en la publicidad, en el metro, en los autobuses, en las conversaciones de la gente que pasa.
In Spain culture is everywhere, in ads, in the metro, on buses, in the conversations of people passing by . . .

El fútbol es la pasión de multitudes que, junto con la música, las películas y el teatro, difunde un fuerte sentimiento de identidad cultural.
The national passion for soccer, cycling, music festivals, films, and theater spreads a strong feeling of cultural belonging.

verbs ending with: -ar, -ir

	informarse *to inform oneself*	difundir *to spread*	presumir *to show off*
yo	me informo	difundo	presumo
tú	te informas	difundes	presumes
él/ella	se informa	difunde	presume
Usted	se informa	difunde	presume
nosotros/nosotras	nos informamos	difundimos	presumimos
vosotros/vosotras	os informáis	difundís	presumís
Ustedes	se informan	difunden	presumen
ellos/ellas	se informan	difunden	presumen

los pronombres relativos

relative pronouns

que, quien, cuyo/s, cuya/s, cual *are relative pronouns; they link phrases together*

que, quien/quienes, el cual/la cual *who*

➽ Conozco a tu hermana. Tu hermana trabaja aquí
Conozco a tu hermana **que** trabaja aquí
Conozco a tu hermana **quien** trabaja aquí
Conozco a tu hermana, **la cual** trabaja aquí
I know your sister who works here

Aquí está la nueva presidente a...
que
quien
cuya
... hemos eligido.
elected

Aquí está la nueva presidente a quien hemos eligido.

que *that/which*

➽ El libro es nuevo. Me gusta ese libro
El libro **que** me gusta es nuevo
The book that I like is new

el que/la que *who, the one **that/who***

➽ Ella decide
Ella es **quien** decide
Ella es **la que** decide
She's who decides

preposición + el que/la que, los que/las que *preposition* **+ *whom***
preposición + quien/quienes *preposition* **+ *whom***

➽ Los amigos han comprado un chalet. Pienso en esos amigos
Los amigos en **los que** pienso han comprado un chalet
Los amigos en **quienes** pienso han comprado un chalet
The friends about whom I'm thinking bought a cabin

Esta es la casa de...
quien
que
la cual
...hemos hablado.

Esta es la casa de la cual hemos hablado.

el cual/la cual, los cuales/las cuales *the one/those* ***which/that***

➽ La película fue estrenada ayer. Te hablo de esa película
La película de **la que** te hablo fue estrenada ayer
La película de **la cual** te hablo fue estrenada ayer
The movie that I'm talking about was released yesterday

cuyo/cuya, cuyos/cuyas *whose*

➽ Los libros se venden bien. El autor de esos libros es célebre
Los libros, **cuyo** autor es célebre, se venden bien
The books, whose author is famous, sell well

➽ El museo **que** está en la otra cuadra cierra a las 6
The museum that is located on the next block closes at 6

➽ El hombre **que** habla es el guía
The man who is talking is the guide

QUE means *that/which/who*, and is used for living or nonliving without distinction.

CUYO means *whose* and is used to link the owner to what's owned. It must agree in gender and number with the noun that follows.

➽ Argentina, **cuyo** baile típico es el tango, está situada en Sudamérica
Argentina, whose typical dance is tango, is located in South America

➽ España, **cuyas** tradiciones son antiguas, es también un país moderno
Spain, whose traditions are old, is also a modern country

los pronombres relativos en acción

Complete these sentences with **quien, quienes,** or **que**

La película .... vi ayer me gustó

La película que vi ayer me gustó — *I liked the movie that I saw yesterday*

Esta es la música .... me gusta

Esta es la música que me gusta — *This is the music that I like*

Una ópera .... dura 4 horas

Una ópera que dura 4 horas — *An opera that lasts 4 hours*

Esto es para .... compren dos boletos

Esto es para quienes compren dos boletos — *This is for those who buy two tickets*

Pablo fue .... cometió el error

Pablo fue quien cometió el error — *Pablo was the one who made the mistake*

Roberto es el .... grita tanto

Roberto es el que grita tanto — *Roberto is the one who yells so much*

Dime con .... andas y te diré .... eres

Dime con quien andas y te diré quien eres — *Tell me who you are with, and I will tell you who you are*

Complete these sentences with **cual, cuyo, cuya, cuyos,** or **cuyas**

La ciudad, ... nombre no recuerdo, está cerca

La ciudad, cuyo nombre no recuerdo . . . — *The city, whose name I don't remember, is nearby*

El ordenador, ... no funcionaba, es nuevo

El ordenador, cual no funcionaba, es nuevo — *The PC, the one that didn't work, is new*

Pedro, ... madre está enferma, no vinó

Pedro, cuya madre está enferma, no vinó — *Pedro, whose mother is sick, didn't come*

Mirta, por .... pasteles es muy famosa, ganó

Mirta, por cuyos pasteles es muy famosa, ganó — *Mirta, whose cakes made her famous, won*

que
quien
cuyo
cual

el imperfecto

the imperfect

*The **imperfect** refers to ongoing past events with no indication of a starting or finishing time*

a *it's used to describe people and things in the past, including weather*

Desde la casa, teníamos una espléndida vista del mar	*From the house, we had an amazing view of the sea*
Nosotros comíamos juntos de vez en cuando	*We had dinner together from time to time*
Hacía frío aquel día	*It was cold that day*

b *for a repeated or habitual action equivalent to "used to"*

Ella iba al concierto cada día	*She used to go to the concert every day*
Cuando yo era niño, íbamos al mar cada año	*When I was a kid, we used to go to the ocean each year*
Yo jugaba al tenis los miércoles	*I used to play tennis on Wednesdays*

In this case the verb will often be reinforced by an expression of time.

cuando	*when*
antes	*before*
siempre	*always*
cada año	*every year*
en el pasado	*in the past*
en aquella época	*at the time*
cada vez (que)	*every time (that)*
todos los días	*every day*
todas las noches	*every night*

c *for an action in progress or for two actions going on simultaneously*

Estaba bromeando	*I was joking*
Los chicos jugaban en el jardín	*The kids were playing in the backyard*
Estaba cocinando cuando pasó	*I was cooking when it happened*

formación del imperfecto

the making of the imperfect

The imperfect is formed with the root of the verb +

verbs in -ar: **-aba, -abas, -aba, -ábamos, -abais, -aban**

verbs in -er, -ir: **-ía, -ías, -ía, -íamos, -íais, -ían**

amar *to love/cherish*	**leer** *to read*
am- aba	**le- ía**
am- abas	**le- ías**
am- aba	**le- ía**
am- ábamos	**le- íamos**
am- abais	**le- íais**
am- aban	**le- ían**

This doesn't work with ALL verbs!
But there are only three irregular verbs!

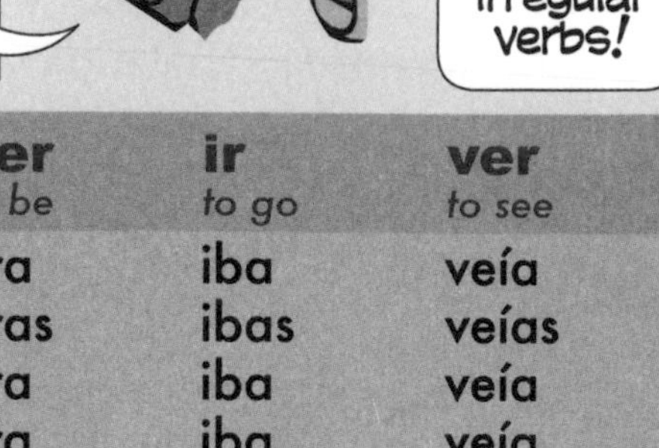

three irregular verbs in the imperfect tense	**ser** *to be*	**ir** *to go*	**ver** *to see*
yo	era	iba	veía
tú	eras	ibas	veías
él/ella	era	iba	veía
Usted	era	iba	veía
nosotros/as	éramos	íbamos	veíamos
vosotros/as	erais	ibais	veíais
Ustedes	eran	iban	veían
ellos/as	eran	iban	veían

shortcut alert

the verbs tener, ser, estar, pensar, creer and saber are often used in the imperfect

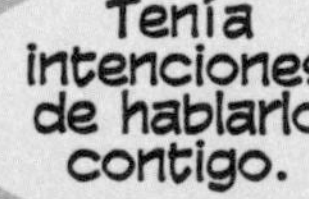

Tenía intenciones de hablarlo contigo.

tener
yo tenía
tú tenías
Ud./él tenía
nosotras teníamos
vosotros teníais
Uds./ellos tenían

Ella estaba cansada anoche.

estar
yo estaba
tú estabas
Ud./él estaba
nosotras estábamos
vosotros estabais
Uds./ellas estaban

¿Usted pensaba que ellos estaban de acuerdo?

pensar
yo pensaba
tú pensabas
Ud./él pensaba
nosotras pensábamos
vosotros pensabais
Uds./ellos pensaban

Creía que era mucho más tarde.

creer
yo creía
tú creías
Ud./él creía
nosotras creíamos
vosotros creíais
Uds./ellas creían

¡Tus padres sabían que eras tú!

saber
yo sabía
tú sabías
Ud./él sabía
nosotras sabíamos
vosotros sabíais
Uds./ellos sabían

conocerse

to meet/encounter

Parecen todos muy cultivados en este país.
You all seem so cultured in this country!
¡Espera a ver nuestros viñedos!
vineyards

¿Cómo se hace para ver una buena obra de teatro en esta ciudad?
How do you get to see a good play in this town?
No, yo se lo pregunto porque usted parece un actor.
No, I'm asking since you look like an actor.

Make friends through culture!

¡Tu sonrisa me recuerda a una celebridad que he visto en el Prado!
Your smile reminds me of a celebrity I saw at the Prado!
Déjame adivinar, ¿estaba firmada por Velázquez?
Let me guess, she was signed Velázquez?

¿Le puedo ofrecer algo?
Una noche de opera me encantaría.
A night at the opera would delight me!

expresiones idiomáticas 1

Idiomatic expressions will add color to your everyday speech

Are you making fun of me?
¿Te burlas de mí?

I just can't help it.
¡Es más fuerte que yo!

Back off!
¡Lárgate!

I don't buy it!
¡No lo puedo creer!

That rings a bell.
Esto me recuerda algo.

So-so.
Más o menos.

Can I help you?
¿Puedo ayudarte?

It's not worthwhile.
No vale la pena.

I don't get it.
No entiendo.

Are you kidding?
¿Estás bromeando?

I can't make it.
No puedo hacerlo.

Are you serious?
¿Hablas en serio?

Are we through?
¿Se acabó ya?

expresiones idiomáticas 2

But many common phrases in English don't translate word for word into Spanish

Do you need a hand?
¿Necesitas una mano?
I love it!
¡Me encanta!
What are you talking about?
¿De qué hablas?
Is everything OK?
¿Va todo bien?
What's up?
¿Qué hay de nuevo?
Anything wrong?
¿Algo anda mal?
What do you mean?
¿Qué quieres decir?
What's the matter?
¿Qué pasa?
Do you want to talk about it?
¿Quieres hablar de esto?
What are you up to?
¿En qué andas?
Do you like it?
¿Te gusta?
I don't care.
No me importa.
Do you get it?
¿Comprendes?

MAKEOVER

informe de evolución # 10

antes

La película miras

Prefiero la cerveza que vino

Me gusta más el vino y la cerveza

La niña, cuya padre es viejo, no vino

¿Cuyo libro es este?

La mujer en que pienso

Los amigos a que busco

El país de quien hablo

Siempre fui a su casa

Ayer caminaba 2 horas

después

La película que miras

La ....

Prefiero la cerveza al vino

....

Me gusta más el vino que la cerveza

....

La niña, cuyo padre es viejo, no vino

....

¿De quién es este libro?

....

La mujer en quien pienso

....

Los amigos a quienes busco

....

El país del que hablo

....

Siempre iba a su casa

....

Ayer caminé dos horas

....

Put the words in order to build a sentence.

mejores los son madre mi prepara que pasteles Los

....

que preferimos animados españoles son dibujos Los

....

más hacer preguntas quieran que Hay

....

fascina película He te que visto la

....

gusta que actitud tienes la me No

....

Los pasteles que prepara mi madre son los mejores.
Los dibujos animados que preferimos son españoles.
¿Hay más preguntas que quieran hacer?
He visto la película que te fascina.
No me gusta la actitud que tienes.
The pies that my mother prepares are the best.
The cartoons that we prefer are Spanish.
Are there any more questions that you want to ask?
I have seen the movie that you love.
I don't like the attitude you have.

Q el gran desafío

Kate and Todd, plan a cultural activity for the final evening of your makeover

¿Hay alguna película ... te guste?

¡Me encantaría volver al cine .... estuvimos la última vez!

¿A que cine .... ? No me acuerdo.

Recuerdo que era en un bonito barrio, ... lleno de cafés.

En el opera, ... consultar los espectáculos del mes.

check

¡Buena idea!

cual / quien / que

que / cuando / donde

fue / fueron / fuimos

estaba / estuvo / estará

podremos / podríamos / podíamos

find and circle the right word missing from the dialog bubbles

Answers: que, donde, fuimos, estaba, podríamos

Help Kate by selecting the correct sentences.

check the right square
Iba a jugar por la mañana.
Iba jugar a la mañana.
Iba jugar en la mañana.
Vamos al cine quien me gusta.
Vamos al cine que me gusta.
Vamos al cine cual me gusta.
Era ese chico del quien siempre yo olvidaba el nombre.
Era ese chico del cuando siempre yo olvidaba el nombre.
Era ese chico del cual siempre yo olvidaba el nombre.
Answers:
Era ese chico del cual siempre yo olvidaba el nombre.
Vamos al cine que me gusta.
Iba a jugar por la mañana.

entre bastidores

¡Es sólo un hasta pronto!

Acabamos de pasar dos geniales semanas juntos.
We just spent two great weeks together.
¡Déjenme inmortalizar este momento!
Llegó el momento de despedirnos.
time to say good-bye

Retrocedan un poco más, no puedo verlos.

¡Ay, cuid...
¡Me resbalo!
PLAF!
¡Increíble! ¡Iba justamente a hablar de inmersión!

¡A pesar de su temor a equivocarse, Ustedes han corrido siempre el riesgo de comunicarse!
¡Por nuestros dos héroes que no han dudado jamás en echarse al agua!
. . . never hesitated to take the plunge!
Es el secreto para aprender una lengua extranjera.

Sí, es cierto!
Ja ja
¡Nunca hemos tenido miedo de mojarnos!
never afraid to take the plunge
LUC NISSET.

So You Think You Can Advance?

Well, Reader, we promised to Make Over Your Spanish in Three Weeks and you've followed along with Kate and Todd's makeover for ten study days.
That's only two weeks...
Because the third week is up to you!
... but no refunds, I'm afraid!
That's right!

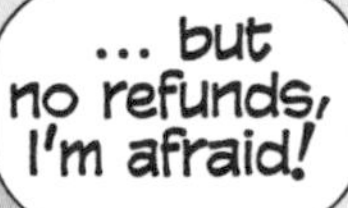

For our makeover to be really effective and lasting, you need to spend the next week going over everything that we've covered with Kate and Todd. We suggest you look over two episodes a day—for five days.
Be sure to:
• Understand the Grammar Upgrades
• Study the Essential Examples
• Memorize the key vocabulary

You're not entirely on your own!
Make use of the following:
• Audio recordings on CD that accompany the book—to improve your pronunciation and mastery of grammar and vocabulary.
• Detachable cards in the back of the book. Carry one or two around with you, for handy study in spare moments.

And we encourage you to take your studies further. Consider:
• Taking a class, if available, at your local community college
• Embarking on a more advanced self-study program, one set at intermediate level
• Going online to access Spanish websites, e-magazines, and video.

And best of all, travel to a Spanish-language country or establish contact with native Spanish speakers who live locally.
¡Adiós!
¡Buena suerte!

Index

(mc = memory card)

1 Spanish Fear Factor

Greetings & introductions

Hello, Hi	**Hola**
Mr.; Mrs.	**Señor; Señora**
Miss	**Señorita**
Welcome	**Bienvenido/a**
How is it going?	**¿Qué tal?**
Good evening	**Buenos tardes, buenas noches**
How are you (formal)?	**¿Cómo está Usted?**
Fine.	**Bien.**
Fine, thanks, and you?	**Muy bien, gracias, ¿y Usted?**
Not bad. / So-so.	**Más o menos.**
What's your name?	**¿Cómo se llama Ud.? / ¿Cuál es su nombre?**
How are you doing (informal)?	**¿Cómo estás tú?**
Very well, thanks, and you?	**Muy bien, gracias, ¿y tú?**

Te presento a Ana.
Hola!
Mucho gusto. Yo soy Bruno.

Common courtesies

Excuse me.	**Discúlpeme.**
I am sorry.	**Lo siento.**
Please	**Por favor**
Thank you.	**Gracias.**
You are welcome.	**De nada.**
I'd like to introduce you to . . .	**Le presento a...**
Delighted	**Encantado/a**

Good-byes

Good-bye.	**Adiós.**
See you soon.	**Hasta pronto.**
See you later.	**Hasta luego.**
See you tomorrow.	**Hasta mañana.**
Have a good day!	**¡Qué tengas un buen día!**
Have a good weekend.	**Buen fin de semana.**

¡Hasta luego!

¡Qué tengas un buen día!

Expressions with *tener*

How old are you?	**¿Qué edad tiene Ud.?**
I am 25 years old.	**Yo tengo 25 años.**
I'm cold.	**Yo tengo frío.**
You're warm.	**Tú tienes calor.**
He's hungry.	**Él tiene hambre.**
She's thirsty.	**Ella tiene sed.**
We're sleepy.	**Nosotros tenemos sueño.**
You all (informal) are lucky.	**Vosotros tenéis suerte.**
All of you (formal) are right.	**Uds. tienen razón.**
They are wrong.	**Ellos no tienen razón.**
They are in a hurry.	**Ellas tienen prisa.**
I have to think.	**Yo tengo que pensar.**
She feels like going.	**Ella tiene ganas de ir.**
It makes sense.	**Tiene sentido.**

Tener and possession

I have a boyfriend.	**Yo tengo novio.**
You have money.	**Tú tienes dinero.**
He has time.	**Él tiene tiempo.**
She has a headache.	**Ella tiene dolor de cabeza.**

Gil tiene dos perros.

¡Mamá, tengo hambre!

Tengo una galleta.

2 Project Runway & Railway

Question words

What?	¿Qué?
Where?	¿Dónde?
Where to?	¿Adónde?
When?	¿Cuándo?
How?	¿Cómo?
How much?	¿Cuánto/Cuánta?
How many?	¿Cuántos/Cuántas?
Why?	¿Por qué?
Who?	¿Quién/quiénes?
What, which one?	¿Cuál/cuáles?

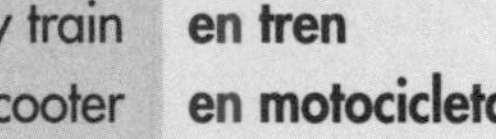

Forms of transportation

to go by plane	ir en avión
by boat	en barco
by car	en coche, en auto
by cab	en taxi
by bus	en autobús
by train	en tren
by scooter	en motocicleta
by bicycle	en bicicleta
by foot	a pie

Travel terms

road	la ruta
expressway, motorway	la autopista
gas station, petrol station	la gasolinera
bus stop	la parada de autobús
rail station	la estación de trenes
subway	el metro
subway station	la estación del metro
platform	el andén
waiting room	la sala de espera
timetable, schedule	el horario
ticket	el billete, el boleto, el pasaje
ticket office, kiosk	la boletería
train ticket	el billete de tren
train car	el coche
flight	el vuelo
flight number	el número de vuelo
seat	el asiento
luggage	el equipaje
currency exchange	la casa de cambio

Countries & continents

Europe	Europa
Spain	España
UK	Gran Bretaña
France	Francia
Italy	Italia
Germany	Alemania
Russia	Rusia
North America	América del Norte
Canada	Canadá
United States	Estados Unidos
Mexico	México
South America	América del Sur
Argentina	Argentina
Brazil	Brasil
Africa	África
Egypt	Egipto
South Africa	Sudáfrica
Asia	Asia
China	China
India	India
Australia	Australia

3 Meal or No Meal

At the restaurant

breakfast	**el desayuno**
lunch	**el almuerzo**
dinner	**la cena**
an appetizer	**un entrante**
appetizers	**unos aperitivos**
main dish	**un plato principal**
dessert	**el postre**
pastry	**unos pastelitos, unas masas**
ice cream	**el helado**
menu of the day	**el menú del día**
drinks menu	**la lista de bebidas**
waiter	**el camarero, el mozo, el mesero**
waitress	**la camarera, la moza, la mesera**
wine waiter	**el sumiller**
maître d'	**el maître**

Something to drink

water	**el agua**
with ice	**con hielo**
milk	**la leche**
coffee	**el café**
tea	**el té**
hot chocolate	**una taza de chocolate**
orange juice	**el jugo/zumo de naranja**
beer	**la cerveza**
wine (white, red, rosé)	**el vino (blanco, tinto, rosado)**

Table setting

knife	**el cuchillo**
fork	**el tenedor**
spoon	**la cuchara**
plate	**el plato**
bowl	**el bol**
glass	**el vaso**
cup	**la taza**
napkin	**la servilleta**
salt	**la sal**
pepper	**la pimienta**
mustard	**la mostaza**
oil	**el aceite**
vinegar	**el vinagre**

el pan

la jarra de agua

la servilleta

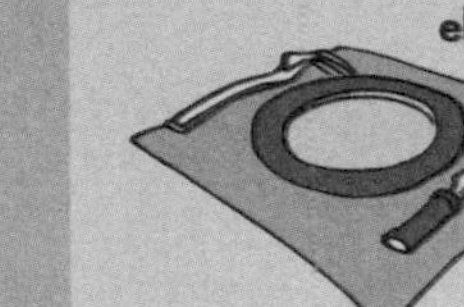

el vaso

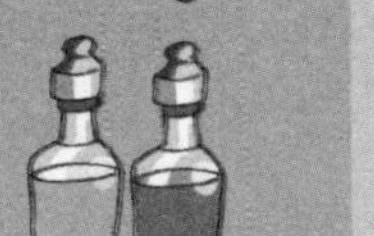

el aceite el vinagre

la sal, la pimienta

el azúcar

la mantequilla

los cubiertos: el tenedor, el cuchillo, la cuchara

el plato

Useful restaurant phrases

I would like to make a reservation	**Quisiera hacer una reservación.**
Excuse me, waiter.	**Disculpe, camarero.**
Waitress!	**¡Mesera!**
What will you have?	**¿Qué va a pedir?**
What is the price?	**¿Cuánto cuesta?**
I would like . . .	**Quisiera...**
I'll take . . .	**Yo voy a pedir...**
How would you like your meat cooked?	**¿Cómo quiere su carne?**
well done	**bien cocida**
medium	**a punto**
rare	**sangrante**
Would you like some wine?	**¿Desearía vino?**
I would like some water, please.	**Quisiera agua, por favor.**
I would like some more ice.	**Quisiera más hielo.**
Yes, thank you.	**Sí, gracias.**
That will be all.	**Esto es todo.**
I'm going to the restroom/bathroom.	**Voy a los lavabos.**
Would you bring me the check, please?	**¿Podría traerme la cuenta, por favor?**
The tip has been included.	**La propina está incluida.**

4 Big Brother, Little Sister

Family members

husband	el esposo
wife	la esposa
father	el padre
mother	la madre
grandfather	el abuelo
grandmother	la abuela
son	el hijo
daughter	la hija
son-in-law	el yerno
daughter-in-law	la nuera
brother	el hermano
sister	la hermana
brother-in-law	el cuñado
sister-in-law	la cuñada
aunt	la tía
uncle	el tío
nephew	el sobrino
niece	la sobrina
cousin	el primo, la prima
children	los hijos

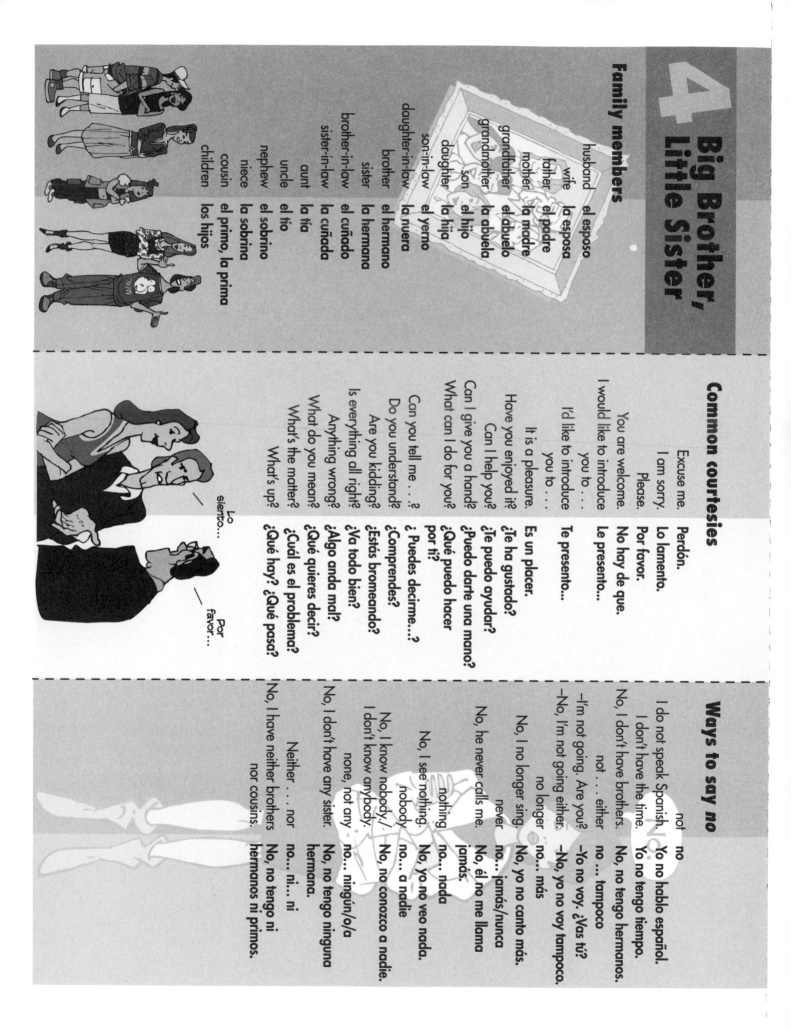

Common courtesies

Excuse me.	Perdón.
I am sorry.	Lo lamento.
Please.	Por favor.
You are welcome.	No hay de que.
I would like to introduce you to . . .	Le presento...
I'd like to introduce you to . . .	Te presento...
It is a pleasure.	Es un placer.
Have you enjoyed it?	¿Te ha gustado?
Can I help you?	¿Te puedo ayudar?
Can I give you a hand?	¿Puedo darte una mano?
What can I do for you?	¿Qué puedo hacer por ti?
Can you tell me . . .?	¿ Puedes decirme...?
Do you understand?	¿Comprendes?
Are you kidding?	¿Estás bromeando?
Is everything all right?	¿Va todo bien?
Anything wrong?	¿Algo anda mal?
What do you mean?	¿Qué quieres decir?
What's the matter?	¿Cuál es el problema?
What's up?	¿Qué hay? ¿Qué pasa?

Lo siento...
Por favor...

Ways to say *no*

not	no
I do not speak Spanish.	Yo no hablo español.
I don't have the time.	Yo no tengo tiempo.
No, I don't have brothers.	No, no tengo hermanos.
not . . . either	no ... tampoco
–I'm not going. Are you?	–Yo no voy. ¿Vas tú?
–No, I'm not going either.	–No, yo no voy tampoco.
no longer	no... más
No, I no longer sing.	No, yo no canto más.
never	no... jamás/nunca
No, he never calls me.	No, él no me llama jamás.
nothing	no... nada
No, I see nothing.	No, yo no veo nada.
nobody	no... a nadie
No, I know nobody./ I don't know anybody.	No, no conozco a nadie.
none, not any	no... ningún/o/a
No, I don't have any sister.	No, no tengo ninguna hermana.
Neither . . . nor	no... ni... ni
No, I have neither brothers nor cousins.	No, no tengo ni hermanos ni primos.

5 Extreme Makeover, Housework Edition

Around the house

kitchen	**la cocina**
dining room	**el comedor**
living room	**la sala**
hallway	**el pasillo**
floor, level	**el piso**
stairs	**la escalera**
basement	**el sótano**
bedroom	**el dormitorio**
bathroom	**el cuarto de baño**
bath	**el baño**
shower	**la ducha**
toilet	**el baño**

el techo
el ático
el cuarto de baño
el cuarto de huéspedes
las habitaciones
la entrada
la cocina
el vestíbulo
el comedor
el sótano
el garaje

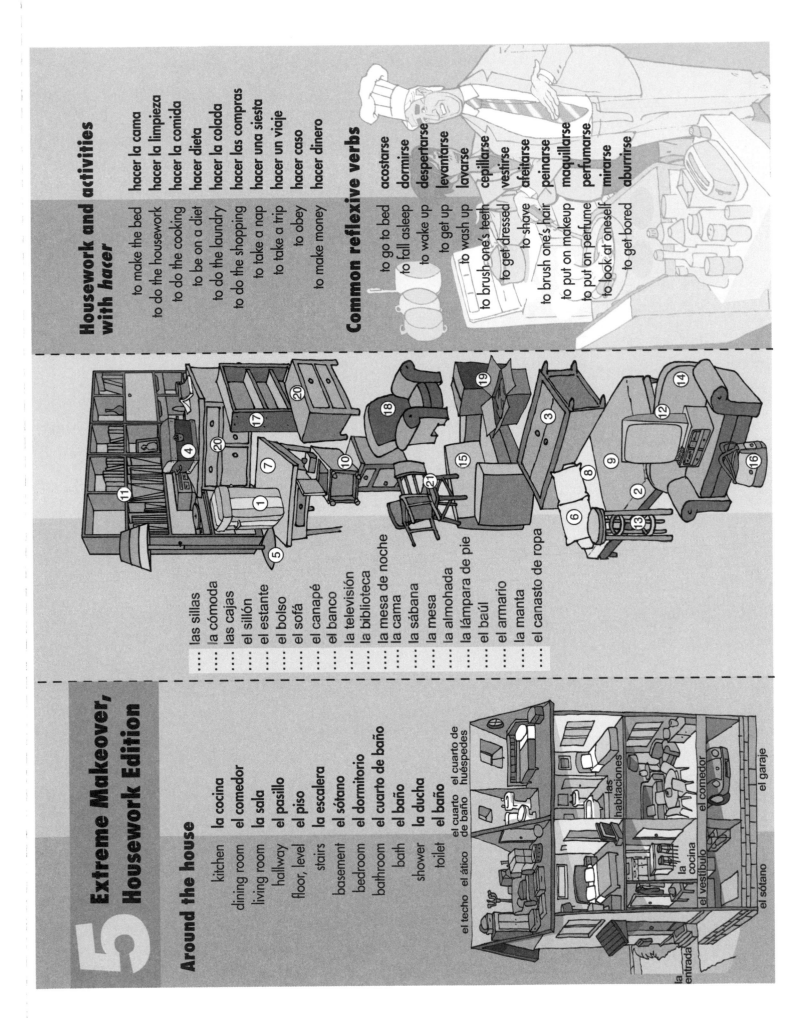

.... las sillas
.... la cómoda
.... las cajas
.... el sillón
.... el estante
.... el bolso
.... el sofá
.... el canapé
.... el banco
.... la televisión
.... la biblioteca
.... la mesa de noche
.... la cama
.... la sábana
.... la mesa
.... la almohada
.... la lámpara de pie
.... el baúl
.... el armario
.... la manta
.... el canasto de ropa

Housework and activities with *hacer*

to make the bed	**hacer la cama**
to do the housework	**hacer la limpieza**
to do the cooking	**hacer la comida**
to be on a diet	**hacer dieta**
to do the laundry	**hacer la colada**
to do the shopping	**hacer las compras**
to take a nap	**hacer una siesta**
to take a trip	**hacer un viaje**
to obey	**hacer caso**
to make money	**hacer dinero**

Common reflexive verbs

to go to bed	**acostarse**
to fall asleep	**dormirse**
to wake up	**despertarse**
to get up	**levantarse**
to wash up	**lavarse**
to brush one's teeth	**cepillarse**
to get dressed	**vestirse**
to shave	**afeitarse**
to brush one's hair	**peinarse**
to put on makeup	**maquillarse**
to put on perfume	**perfumarse**
to look at oneself	**mirarse**
to get bored	**aburrirse**

6 Is the Price Right?

Stores/shops

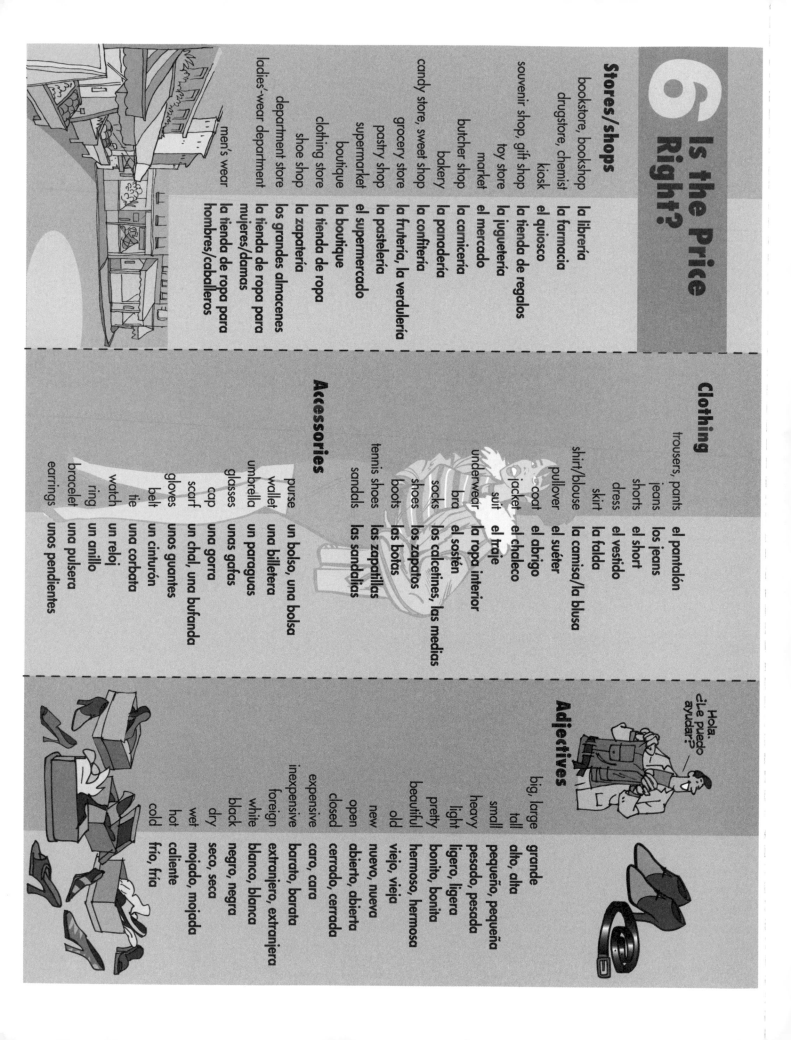

bookstore, bookshop	la librería
drugstore, chemist	la farmacia
kiosk	el quiosco
souvenir shop, gift shop	la tienda de regalos
toy store	la juguetería
market	el mercado
butcher shop	la carnicería
bakery	la panadería
candy store, sweet shop	la confitería
grocery store	la frutería, la verdulería
pastry shop	la pastelería
supermarket	el supermercado
boutique	la boutique
clothing store	la tienda de ropa
shoe shop	la zapatería
department store	los grandes almacenes
ladies'-wear department	la tienda de ropa para mujeres/damas
men's wear	la tienda de ropa para hombres/caballeros

Clothing

trousers, pants	el pantalón
jeans	los jeans
shorts	el short
dress	el vestido
skirt	la falda
shirt/blouse	la camisa/la blusa
pullover	el suéter
coat	el abrigo
jacket	el chaleco
suit	el traje
underwear	la ropa interior
bra	el sostén
socks	los calcetines, las medias
shoes	los zapatos
boots	las botas
tennis shoes	las zapatillas
sandals	las sandalias

Accessories

purse	un bolso, una bolsa
wallet	una billetera
umbrella	un paraguas
glasses	unas gafas
cap	una gorra
scarf	un chal, una bufanda
gloves	unos guantes
belt	un cinturón
tie	una corbata
watch	un reloj
ring	un anillo
bracelet	una pulsera
earrings	unos pendientes

Hola. ¿Le puedo ayudar?

Adjectives

big, large	grande
tall	alto, alta
small	pequeño, pequeña
heavy	pesado, pesada
light	ligero, ligera
pretty	bonito, bonita
beautiful	hermoso, hermosa
old	viejo, vieja
new	nuevo, nueva
open	abierto, abierta
closed	cerrado, cerrada
expensive	caro, cara
inexpensive	barato, barata
foreign	extranjero, extranjera
white	blanco, blanca
black	negro, negra
dry	seco, seca
wet	mojado, mojada
hot	caliente
cold	frío, fría

7 The Spanish Apprentice

Office items and stationery

office	la oficina
desk	el escritorio
phone	el teléfono
calculator	la calculadora
stapler	la grapadora
scissors	las tijeras
ruler	la regla
pen	la pluma
pencil	el lápiz
book	el libro
notebook	el cuaderno
diary	la agenda
filing cabinet	el archivo
files	las carpetas
attaché case	el portafolio

Computers

attachment	la carpeta adjunta
computer	la computadora, el ordenador
disc	el disco
e-mail	el correo electrónico
firewall	el contrafuego
the Internet	el Internet
keyboard	el teclado
laptop	el portable
memory card	la tarjeta de memoria
monitor, screen	la pantalla
mouse	el ratón
password	el clave, la contraseña
printer	la impresora
search engine	el buscador
software	el software
website	el sitio web
to attach	adjuntar
to download	bajar, descargar
to log on	entrar
to log off	salir
to save	guardar
to search	buscar

Jobs and professions

accountant	contable
architect	arquitecto
banker	banquero
civil servant	funcionario
coach	entrenador
cook	cocinero
designer	diseñador
doctor	médico; doctor
entrepreneur	empresario
farmer	granjero
guide	guía
journalist	periodista
lawyer	abogado
marketing manager	director comercial
musician	músico
police officer	policía
professor	profesor
salesperson	dependiente
secretary	secretario
singer	cantante
soldier	soldado
writer	escritor

8 Cell-Phone Survivor: Madrid

Connecting with people

to ask, to request	**pedir**
to ask (a question)	**preguntar**
to call	**llamar**
to call, to phone	**telefonear**
to discuss	**discutir**
to give	**dar**
to give back	**devolver**
to offer	**ofrecer**
to propose	**proponer**
to reply	**responder**
to say	**decir**
to send	**enviar**
to smile	**sonreír**
to talk	**hablar**
to tell	**indicar**
to write	**escribir**

A Anna, le hace falta encontrar un teléfono público.
Anna needs a public phone.
Ella les pide ayuda.
She asks for their help.

Anna pregunta a dos señoritas dónde hay una cabina telefónica.
Anna asks two young ladies where to find a phone booth.
Ellas le indican donde hay una.
They tell her where there is one.

On the phone

May I make a phone call?	**¿Podría hacer una llamada?**
It works.	**Funciona.**
It doesn't work.	**No funciona.**
Hello. My name is . . .	**Hola, mi nombre es...**
May I speak with . . .	**Podría hablar con...**
Who is calling?	**¿Quién es?**
Can you hear me?	**¿Puede oírme?**
Don't hang up, please.	**No cuelgue, por favor.**
I will call you back.	**Vuelvo a llamarlo.**
Please wait.	**Por favor, espere.**
We are trying to connect you.	**Intentamos comunicarlo.**
Can you repeat that, please ?	**¿Podría repetir? por favor.**
May I leave a message?	**¿Podría dejar un mensaje?**
There's a busy signal.	**Está ocupado.**
wrong number	**número equivocado**
The number you have dialed has changed.	**El número ha cambiado.**
to dial the number	**marcar el número**
to wait	**esperar**
to pick up	**descolgar/atender**
to hang up	**colgar**

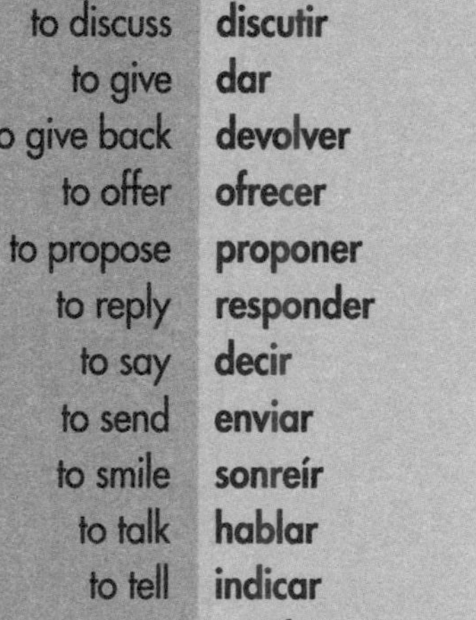
Te quiero
...
¡Cariños!
A.

Getting directions

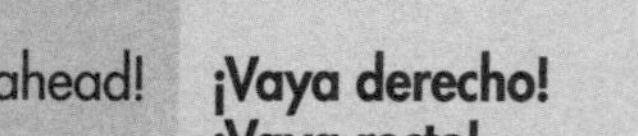

Go straight ahead!	**¡Vaya derecho! ¡Vaya recto!**
Turn right!	**¡Gire a la derecha!**
Turn left!	**¡Gire a la izquierda!**
crossroads	**el cruce**
traffic circle, roundabout	**la rotonda**
traffic lights	**el semáforo**
road	**la calle**
path, track	**el camino**
square	**la plaza, el parque**
one way	**sentido único**
close (to) near (to)	**cerca (de)**
far (from)	**lejos (de)**
in the area	**en el área, en la zona**
a five-minute walk	**un cinco minutos caminando**
here	**aquí**
there	**ahí**
over there	**allí**
just after the store	**justo después de la tienda**

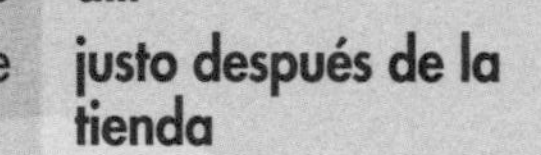

derecho
a la derecha
a la izquierda

9 Health Improvement

Sports and games

walking	**la marcha**
running	**la carrera**
soccer, football	**el fútbol**
volleyball	**el vóleibol**
horseback riding	**la equitación**
skiing	**el esquí**
skating	**el patinaje**
tennis	**el tenis**
bicycling	**el ciclismo**
golf	**el golf**
swimming	**la natación**
swimming pool	**la piscina**
rowing	**el remo**
match	**un partido**
game	**un juego**
race	**una carrera**
referee	**un árbitro**
team	**un equipo**
goal	**un gol**

Parts of the body

head	**la cabeza**
hair	**el pelo, el cabello**
forehead	**la frente**
ear	**la oreja**
beard	**la barba**
eye	**el ojo**
mouth	**la boca**
lips	**los labios**
nose	**la nariz**
tongue	**la lengua**
chin	**el mentón, la barbilla**
neck	**el cuello**
throat	**la garganta**
shoulder	**el hombro**
chest	**el pecho**
waist	**la cintura**
stomach	**el estómago**
belly button	**el ombligo**
back	**la espalda**
arm	**el brazo**
elbow	**el codo**
wrist	**la muñeca**
hand	**la mano**
fingers	**los dedos**
nails	**las uñas**
hip	**la cadera**
leg	**la pierna**
thigh	**el muslo**
knee	**la rodilla**
foot	**el pie**
ankle	**el tobillo**
toes	**los dedos del pie**

Health problems

to have a stomachache	**tener dolor de estómago**
to have a sore throat	**tener dolor de garganta**
to have the flu	**tener gripe**
to have a cold	**estar resfriado**
to have a fever	**tener fiebre**
to have a temperature	**tener temperatura**
to have diarrhea	**tener diarrea**
to have food poisoning	**tener una intoxicación**
to have sunstroke	**sufrir un golpe de calor**
It hurts.	**Duele.**
I have a broken leg.	**Tengo una pierna fracturada.**
I've cut myself.	**Me he cortado.**
I feel dizzy.	**Me siento mareado.**
to take medication	**tomar un medicamento**
to get a prescription	**obtener una receta/ una prescripción**

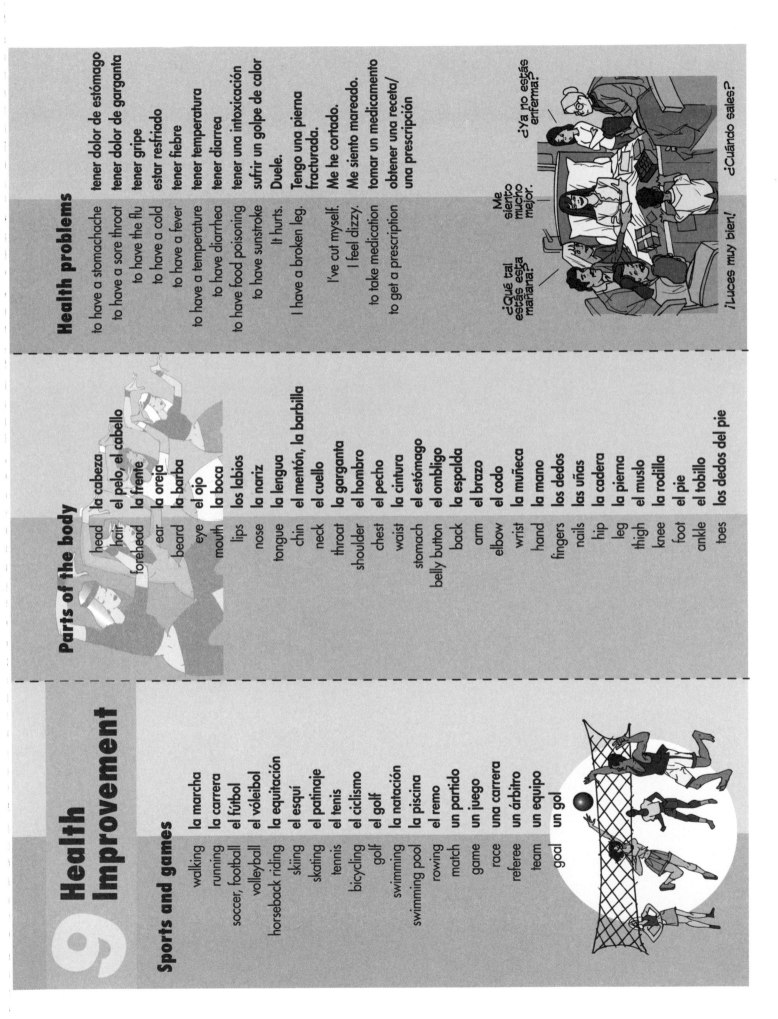

¿Qué tal estás esta mañana?
Me siento mucho mejor.
¿Ya no estás enferma?
¡Luces muy bien!
¿Cuándo sales?

10 Life Swap

Hispanic holidays

holidays	**los días festivos**
New Year's Day	**el Año Nuevo** (primero de enero)
Epiphany	**el Día de los Reyes, la Epifanía** (6 de enero)
Good Friday	**el Viernes Santo** (variable)
Easter	**la Pascua de Resurrección**
Labor Day	**el Día del Trabajo** (primero de mayo)
Independence Day	**el Día de la Indepencia** (depende del país)
Revolution Day	**el Día de la Revolución** (depende del país)
Assumption	**la Asunción** (15 de agosto)
Columbus Day	**el Día de la Raza/ el Descubrimiento de América** (12 de octubre)
All Saints' Day	**el Día de todos los Santos** (primero de noviembre)
Immaculate Conception	**la Festividad de la Inmaculada Concepción** (8 de diciembre)
Christmas	**el Día de Navidad** (25 de diciembre)

Prepositions: where?

above	**arriba de**
against	**contra**
around	**alrededor de**
behind	**detrás de**
beneath	**abajo de**
between	**entre**
close to	**cerca de**
far from	**lejos de**
in front of	**delante de**
in the middle of	**en el medio de**
in, on, at	**en**
inside	**dentro de**
opposite	**enfrente de**
outside	**fuera de**
near	**cerca de**
next to	**al lado de**
under	**debajo de, bajo**
underneath	**debajo de**
at the bottom of	**al fondo de**
on top of	**encima de**
in front of	**delante (de)**
on the other side of	**al otro lado de**
at the corner of	**en la esquina de**
in the corner	**en la esquina**
on the inside of	**dentro de**
on the outside of	**fuera de**

Places to see

I'm looking for a good place . . .	**Busco un buen lugar...**
to go for a drink	**para beber una copa**
to dance	**para bailar**
to listen to music	**para escuchar música**
I would like to go . . .	**Quisiera ir...**
to the movies	**al cine**
to the opera	**a la opera**
to a party	**a una fiesta**
to a picnic	**a un picnic**
to a disco	**a una discoteca**
to a festival	**a un festival**
to a park	**a un parque**
to a museum	**a un museo**
to an exhibition	**a una exposición**
We're going to . . .	**Vamos a...**
see a church	**visitar una iglesia**
see a cathedral	**visitar una catedral**
see a castle	**visitar un castillo**
see a monument	**visitar un monumento**
see some fireworks	**ver los fuegos artificiales**
see the ruins	**visitar las ruinas**
We're going to the beach.	**Vamos a la playa.**
We're going to the coast.	**Vamos a la costa.**

Verbs: Key Tenses

Present tense (regular verbs)

	cantar	comer	vivir
yo	canto	como	vivo
tú	cantas	comes	vives
Usted	canta	come	vive
él/ella	canta	come	vive
nosotros/as	cantamos	comemos	vivimos
vosotros/as	cantáis	coméis	vivís
Ustedes	cantan	comen	viven
ellos/ellas	cantan	comen	viven

Simple past tense (*pretérito indefinido o simple*)

	cantar	comer	vivir
yo	canté	comí	viví
tú	cantaste	comiste	viviste
Usted	cantó	comió	vivió
él/ella	cantó	comió	vivió
nosotros/as	cantamos	comimos	vivimos
vosotros/as	cantasteis	comisteis	vivisteis
Ustedes	cantaron	comieron	vivieron
ellos/ellas	cantaron	comieron	vivieron

Present perfect tense (*pretérito perfecto o compuesto*)

	cantar	comer	vivir
yo	he cantado	he comido	he vivido
tú	has cantado	has comido	has vivido
Usted	ha cantado	ha comido	ha vivido
él/ella	ha cantado	ha comido	ha vivido
nosotros/as	hemos cantado	hemos comido	hemos vivido
vosotros/as	habéis cantado	habéis comido	habéis vivido
Ustedes	han cantado	han comido	han vivido
ellos/ellas	han cantado	han comido	han vivido

Imperfect tense (*pretérito imperfecto*)

	cantar	comer	vivir
yo	cantaba	comía	vivía
tú	cantabas	comías	vivías
Usted	cantaba	comía	vivía
él/ella	cantaba	comía	vivía
nosotros/as	cantábamos	comíamos	vivíamos
vosotros/as	cantabais	comíais	vivíais
Ustedes	cantaban	comían	vivían
ellos/ellas	cantaban	comían	vivían

Future tense

	cantar	comer	vivir
yo	cantaré	comeré	viviré
tú	cantarás	comerás	vivirás
Usted	cantará	comerá	vivirá
él/ella	cantará	comerá	vivirá
nosotros/as	cantaremos	comeremos	viviremos
vosotros/as	cantaréis	comeréis	viviréis
Ustedes	cantarán	comerán	vivirán
ellos/ellas	cantarán	comerán	vivirán

Conditional tense

	cantar	comer	vivir
yo	cantaría	comería	viviría
tú	cantarías	comerías	vivirías
Usted	cantaría	comería	viviría
él/ella	cantaría	comería	viviría
nosotros/as	cantaríamos	comeríamos	viviríamos
vosotros/as	cantaríais	comeríais	viviríais
Ustedes	cantarían	comerían	vivirían
ellos/ellas	cantarían	comerían	vivirían

Imperative tense

	cantar	comer	vivir
tú	canta (no cantes)	come (no comas)	vive (no vivas)
Usted	cante	coma	viva
nosotros/as	cantemos	comamos	vivamos
vosotros/as	cantad (no cantéis)	comed (no comáis)	vivid (no viváis)
Ustedes	canten	coman	vivan

verbs

Present tense of the most important irregular verbs

hacer *(to make/to do)*

hago / haces / hace / hacemos / hacéis / hacen

poner *(to put/to set)*

pongo / pones / pone / ponemos / ponéis / ponen

salir *(to go out/to leave)*

salgo / sales / sale / salimos / salís / salen

traer *(to bring)*

traigo / traes / trae / traemos / traéis / traen

caer *(to fall)*

caigo / caes / cae / caemos / caéis / caen

oír *(to hear)*

oigo / oyes / oye / oímos / oís / oyen

tener *(to have)*

tengo / tienes / tiene / tenemos / tenéis / tienen

venir *(to come)*

vengo / vienes / viene / venimos / venís / vienen

decir *(to say/to tell)*

digo / dices / dice / decimos / decís / dicen

dar *(to give)*

doy / das / da / damos / dais / dan

ir *(to go)*

voy / vas / va / vamos / vais / van

estar *(to be)*

estoy / estás / está / estamos / estáis / están

ser *(to be)*

soy / eres / es / somos / sois / son

Simple past tense of the most important irregular verbs

andar

anduve / anduviste / anduvo / anduvimos / anduvisteis / anduvieron

tener

tuve / tuviste / tuvo / tuvimos / tuvisteis / tuvieron

poder

pude / pudiste / pudo / pudimos / pudisteis / pudieron

poner

puse / pusiste / puso / pusimos / pusisteis / pusieron

saber

supe / supiste / supo / supimos / supisteis / supieron

hacer

hice / hiciste / hizo / hicimos / hicisteis / hicieron

querer

quise / quisiste / quiso / quisimos / quisisteis / quisieron

venir

vine / viniste / vino / vinimos / vinisteis / vinieron

decir

dije / dijiste / dijo / dijimos / dijisteis / dijeron

traer

traje / trajiste / trajo / trajimos / trajisteis / trajeron

verbs ending in -ucir:

conducir

condu-je / -jiste / -jo / -jimos / -jisteis / -jeron

Past participle of the most important irregular verbs

(used to form compound tenses)

abrir	abierto	**decir**	dicho
cubrir	cubierto	**hacer**	hecho
escribir	escrito	**imprimir**	impreso
ver	visto		
volver	vuelto		
morir	muerto		
poner	puesto		
romper	roto		

Imperfect tense of the only three irregular verbs

	ser	ir	ver
yo	era	iba	veía
tú	eras	ibas	veías
Usted	era	iba	veía
él/ella	era	iba	veía
nosotros/as	éramos	íbamos	veíamos
vosotros/as	erais	ibais	veíais
Ustedes	eran	iban	veían
ellos/ellas	eran	iban	veían

Future tense of the most important irregular verbs

tener

tendré / tendrás / tendrá / tendremos / tendréis / tendrán

venir

vendré / vendrás / vendrá / vendremos / vendréis / vendrán

poner

pondré / pondrás / pondrá / pondremos / pondréis / pondrán

valer

valdré / valdrás / valdrá / valdremos / valdréis / valdrán

salir

saldré / saldrás / saldrá / saldremos / saldréis / saldrán

poder

podré / podrás / podrá / podremos / podréis / podrán

saber

sabré / sabrás / sabrá / sabremos / sabréis / sabrán

caber

cabré / cabrás / cabrá / cabremos / cabréis / cabrán

decir

diré / dirás / dirá / diremos / diréis / dirán

hacer

haré / harás / hará / haremos / haréis / harán

querer

querré / querrás / querrá / querremos / querréis / querrán

haber

(habrá) *there will be*

verbs

Verbs

Conditional tense of the most important irregular verbs

tener

tendría / tendrías / tendría / tendríamos / tendríais / tendrían

venir

vendría / vendrías / vendría / vendríamos / vendríais / vendrían

poner

pondría / pondrías / pondría / pondríamos / pondríais / pondrían

valer

valdría / valdrías / valdría / valdríamos / valdríais / valdrían

salir

saldría / saldrías / saldría / saldríamos / saldríais / saldrían

poder

podría / podrías / podría / podríamos / podríais / podrían

saber

sabría / sabrías / sabría / sabríamos / sabríais / sabrían

caber

cabría / cabrías / cabría / cabríamos / cabríais / cabrían

decir

diría / dirías / diría / diríamos / diríais / dirían

hacer

haría / harías / haría / haríamos / haríais / harían

querer

querría / querrías / querría / querríamos / querríais / querrían

haber

(habría) *there would be*

Common phrases using the imperative (tú and Ud.)

Hurry up!	**¡Date prisa!**
Wait for me!	**¡Espérame!**
Don't worry!	**¡No te preocupes!**
Calm down!	**¡Cálmate!**
Don't get nervous!	**¡No te pongas nervioso!**
Don't think about it anymore!	**¡No pienses más!**
Take!	**¡Toma!**
Ask him!	**¡Pregúntale!**

The **Ud.** form of the imperative is used to address a stranger or a superior.

Excuse me!	**¡Discúlpeme**
Be careful!	**¡Tenga cuidado!**
Leave me alone!	**¡Déjeme solo!**
Be kind!	**¡Sea amable!**

The **nosotros** form of the imperative encourages action together.

Let's go!	**¡Vamos!**
Let's play!	**¡Juguemos!**

Reference

Para decir su edad, por supuesto, usted debe conocer los números.

Numbers

0-10

cero, uno, dos, tres, cuatro, cinco, seis, siete, ocho, nueve, diez

11-19

once, doce, trece, catorce, quince, dieciséis, diecisiete, dieciocho, diecinueve

20s

veinte, veintiuno, veintidós, veintitrés, veinticuatro, veinticinco, veintiséis, veintisiete, vientiocho, vientinueve

30s

treinta y uno, treinta y dos, treinta y tres, treinta y cuatro, treinta y cinco, treinta y seis, treinta y siete, treinta y ocho, treinta y nueve

40s

cuarenta, cuarenta y uno, cuarenta y dos, cuarenta y tres, cuarenta y cuatro, cuarenta y cinco, cuarenta y seis, cuarenta y siete, cuarenta y ocho, cuarenta y nueve

50s

cincuenta, cincuenta y uno, cincuenta y dos, cincuenta y tres, cincuenta y cuatro, cincuenta y cinco, cincuenta y seis, cincuenta y siete, cincuenta y ocho, cincuenta y nueve

60s

sesenta, sesenta y uno, sesenta y dos, sesenta y tres, sesenta y cuatro, sesenta y cinco, sesenta y seis, sesenta y siete, sesenta y ocho, sesenta y nueve

70s

setenta, setenta y uno, setenta y dos, setenta y tres, setenta y cuatro, setenta y cinco, setenta y seis, setenta y siete, setenta y ocho, setenta y nueve

80s

ochenta, ochenta y uno, ochenta y dos, ochenta y tres, ochenta y cuatro, ochenta y cinco, ochenta y seis, ochenta y siete, ochenta y ocho, ochenta y nueve

90s

noventa, noventa y uno, noventa y dos, noventa y tres, noventa y cuatro, noventa y cinco, noventa y seis, noventa y siete, noventa y ocho, noventa y nueve

Larger numbers

cien, 100; **doscientos,** 200; **trescientos uno,** 301; **mil,** 1,000; **dos mil once,** 2,011; **un millón,** 1,000,000; **dos millones,** 2,000,000

The ordinals

primero/a, 1st; **segundo,** 2nd; **tercero,** 3rd; **cuarto,** 4th; **quinto,** 5th; **sexto,** 6th; **séptimo,** 7th; **octavo,** 8th; **noveno,** 9th; **décimo,** 10th

Time of day

What time is it?	**¿Qué hora es?**
It's midday.	**Es medio día.**
It's three o'clock in the afternoon.	**Son las tres de la tarde.**
It's eight fifteen in the evening.	**Son las ocho y cuarto de la noche.**
Do you know what time it is?	**¿Tienen hora?**
It's 8 o'clock in the morning, and it is early.	**Son las ocho de la mañana, es temprano.**
It's 10:30 at night, and it is late.	**Son las diez y media de la noche, es tarde.**
It's one o'clock exactly.	**Es la una en punto.**
It's ten after two.	**Son las dos y diez.**
It's quarter after three.	**Son las tres y cuarto/las tres y quince.**
It's twenty-five after four.	**Son las cuatro y veinticinco.**
It's five thirty.	**Son las cinco y media/las cinco y treinta.**
It's six forty.	**Son las seis y cuarenta.**
It's twenty to seven.	**Son las siete menos veinte.**
It's quarter to eight.	**Son las siete y cuarenta y cinco/las ocho menos cuarto.**

Reference

Months of the year

¿Qué día es hoy?

January	**enero**
February	**febrero**
March	**marzo**
April	**abril**
May	**mayo**
June	**junio**
July	**julio**
August	**agosto**
September	**septiembre**
October	**octubre**
November	**noviembre**
December	**diciembre**

Seasons

la primavera Spring

el verano Summer

el otoño Fall

el invierno Winter

Days of the week

Monday	**lunes**
Tuesday	**martes**
Wednesday	**miércoles**
Thursday	**jueves**
Friday	**viernes**
Saturday	**sábado**
Sunday	**domingo**

Time expressions

yesterday	**ayer**
Yesterday was Monday.	**Ayer fue lunes.**
today	**hoy**
Today is Tuesday.	**Hoy es martes.**
tomorrow	**mañana**
Tomorrow will be Wednesday.	**Mañana será miércoles.**
What day is today?	**¿Qué día es hoy?**
What is the date today?	**¿Qué fecha es hoy?**
It's the first of May, 2011.	**Hoy es el primero de mayo de 2011.**
last week	**la semana pasada**
next week	**la semana próxima/ la semana que viene**
last month	**el mes pasado**
next month	**el mes próximo/el mes que viene**
last year	**el año pasado**
next year	**el año próximo/ el año que viene**

Time expressions: *¿Cuándo?*

now	**ahora**
right now	**ahora mismo**
later	**más tarde**
yesterday	**ayer**
last night	**anoche**
today	**hoy**
tomorrow	**mañana**
the day after tomorrow	**pasado mañana**
this morning	**esta mañana**
this afternoon	**esta tarde**
tonight	**esta noche**
this evening	**esta tarde/esta noche**
sometimes	**a veces, algunas veces**
often	**a menudo, con frecuencia**
always	**siempre**
all the time	**todo el tiempo**
never	**nunca**
before	**antes (de)**
after	**después (de)**
since	**desde**
until	**hasta**
early	**temprano**
late	**tarde**
to be late/tardy	**llegar tarde**
to be early	**llegar temprano**
on time	**a tiempo**
once in a while	**de vez en cuando**
soon	**pronto**
once upon a time	**había una vez**

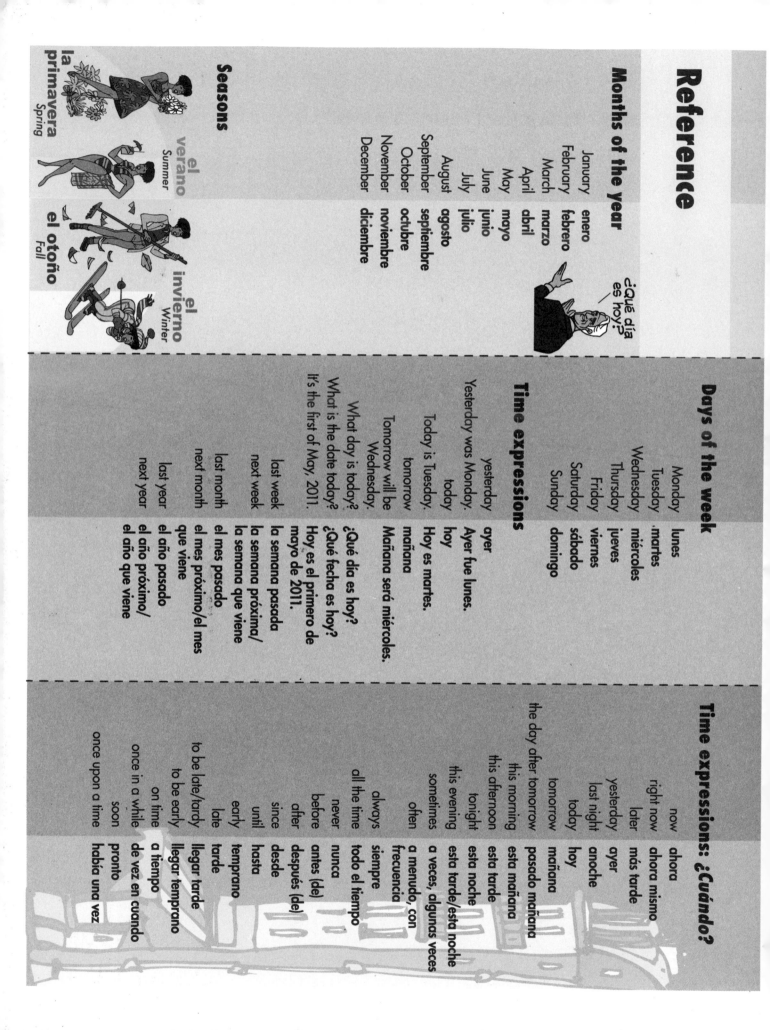